池州学院教学质量工程项目（项目编号：2019XYZJC02）成果
安徽省2019年度省级非物质文化遗产保护专项资金
池州市2019年度市级非物质文化遗产保护专项资金
资助出版

池州傩文化

谈家胜　张邦启◎编著

安徽师范大学出版社
ANHUI NORMAL UNIVERSITY PRESS
·芜湖·

图书在版编目(CIP)数据

池州傩文化 / 谈家胜，张邦启编著. — 芜湖：安徽师范大学出版社，2021.1
ISBN 978-7-5676-4690-2

Ⅰ.①池… Ⅱ.①谈… ②张… Ⅲ.①傩文化—研究—池州 Ⅳ.①K895.43

中国版本图书馆CIP数据核字(2021)第026829号

池州傩文化　　　谈家胜　张邦启◎编著

责任编辑：何章艳
责任校对：李慧芳
装帧设计：张　玲
责任印制：桑国磊
出版发行：安徽师范大学出版社
芜湖市北京东路1号安徽师范大学赭山校区
网　　址：http://www.ahnupress.com/
发 行 部：0553-3883578　5910327　5910310(传真)
印　　刷：江苏凤凰数码印务有限公司
版　　次：2021年1月第1版
印　　次：2021年1月第1次印刷
规　　格：700 mm × 1000 mm　1/16
印　　张：12
字　　数：186千字
书　　号：ISBN 978-7-5676-4690-2
定　　价：46.00元

前　言

“傩”是一种驱邪逐疫、消灾纳福的世界性文化现象，在中国境内的安徽、江西、贵州、湖南、山西、云南、四川、广西、西藏等诸多省（区）都存有其遗踪。历史上，池州傩流传于九华山麓方圆几百平方公里的贵池、石台、东至和青阳等地，尤其集中于池州市贵池区的梅街、棠溪、墩上等乡镇（街道）。池州傩以“社”为单位，由宗族傩神会组织搬演，是一种古老民间戏曲文化，包括傩仪、傩舞、傩戏以及在演傩过程中形成的独特傩俗等主要内容。数百年来，它存活于乡野，传承不辍，是中国傩文化大家庭里的重要组成部分。2006年，它被国务院列为首批国家级非物质文化遗产，定名“池州傩戏”。

我们涉足池州傩的研究始于20世纪90年代，其时池州傩已引起了国内外学者的高度关注。作为傩乡本土学人，既有责任也有义务去关注、研究这一珍贵的文化遗产，于是走傩村、访耆老、稽史料、观傩戏，渐渐地走入池州傩文化的艺术殿堂，逐渐了解到池州傩的文化魅力。池州傩融汇和沉淀了上古到近代各个历史时期诸多文化信息，保存了大量的民间文化信仰，有着如下鲜明的特征：

其一，池州傩具有浓郁的社祭色彩。池州傩事都在“社”的范围内活动，以“社”为组织单位，不仅设置社树、社坛、社神，而且傩神会多以“社”得名。演傩时须先至社坛或社树下“起圣”，迎请诸位神灵降临，结束时又必须去社坛“送神”，“社祭”始终贯穿于傩事活动中。

其二，池州傩具有强烈的祈子观念。池州傩事活动中，祈子习俗形式多样，仪式隆重。这类傩舞有《抢灯伞》《舞钱伞》《接马杯》《张仙送子》以及《和尚采花》等，反映了农耕经济社会基层民众多子多福、延续子嗣的朴素愿望。

其三，池州傩保存了大量的原始文化信息。池州傩事活动严格按照祖制搬演，其程序、仪式、舞蹈、戏曲，古今不变，被学界誉为“戏曲活化石”。如傩舞《舞伞》演绎春耕、夏种、秋收和冬藏的农序，系古代春祈秋报的舞蹈，先秦称“绂舞”，汉代称“灵星舞”，隋代称“拂舞”，宋代称“竹竿拂子”。这类蕴藏原始文化信息的剧（节）目，在池州傩里在在有之。

其四，池州傩表演中具有戏仪结合的特征。池州傩正戏（即傩戏）演出前必有形似“艳段”的傩仪、傩舞，正戏后还有如同“杂扮”的《新年斋》《问社公》《舞判官》等表演。整体看，它是一种祭神祭祖、驱邪纳福的祈禳仪式；局部看，它又是娱神娱祖兼娱人的民俗活动，具有戏仪结合的典型特征。

一言概之，池州傩一直在深山远村薪火相传，绵延不绝，承载着乡民们朴实美好的愿望。它原始古朴，粗犷豪放，神秘奇特，体现着传统文化的多层积淀，蕴藏着深厚的民俗学、历史学、文化人类学、戏曲学等多学科的研究价值。因此，学界和政府均高度重视其文化内涵的研究与傩事活动的保护传承。池州学院坐落于斯地，一批池院人也积极投身于池州傩文化的研究，成果丰硕。在此基础上，2016年，池州学院成功申报“安徽省非物质文化遗产（池州傩戏）教育传习基地”。2019年，安徽省文化和旅游厅、池州市文化和旅游局也拨付非物质文化遗产保护专项资金，资助池州学院辟建“池州傩文化展示馆”作为学生的人文素养教学基地；同年，我们申报了校级教学质量工程“校本优质教材”项目，本书即是该项目的研究成果，以期更好地开展池州傩的教育传习工作。

池州傩文化研究，学界成果丰硕。我们正是在学习、吸收众多专家学者成果的基础上编成此书。书后所列参考文献即是我们学习和研究的重要资料，也是编著此书的重要参考文献，在此谨向各位专家学者表示衷心的感谢！全书共分五章，其中傩仪、傩俗、傩舞、傩戏是阐述的重点。我们采取图文并茂的形式，力图展现出池州傩文化的内涵。鉴于才疏学浅，书中难免有不当或错讹之处，恳请读者批评指正！

谈家胜　张邦启

2020年9月于池州

目　录

第一章　导论

池州历史悠久，区位环境优越，文化积淀深厚。本章从池州历史沿革、自然与人文地理环境等方面，着重阐述池州傩衍生、发展及变化的文化生态环境。

第一节　池州历史沿革

夏商时期，政区设置无考。周朝，按山川物产分天下为九州，池州属扬州之域；公元前221年，秦始皇统一九州，废除分封制，推行郡县制，“分天下以为三十六郡”[①]，池州大部区域属鄣郡（治所在今浙江省安吉县安城镇），小部区域属九江郡（治所寿春）；汉武帝时，更鄣郡为丹阳郡，治所宛陵（今安徽省宣城市宣州区，领宛陵、石城、陵阳诸县）；隋开皇九年（589）平陈，又废石城；隋开皇十九年（599），析南陵县五乡并石城故城，置秋浦县（治所石城），属宣州。唐代改郡为州，武德四年（621）始置池州，领秋浦、南陵二县，州治石城（今贵池区殷汇镇石城村），相继置青阳、石埭、至德诸县；唐贞观元年（627）撤池州，废州还县，隶属宣州；唐天

①《史记》卷六，清乾隆武英殿刻本。

宝元年（742）改州为郡，原地称秋浦郡；唐永泰元年（765）池州复置，领秋浦、青阳、石埭、至德四县，治所从石城迁至贵口（今池州市城区）；唐元和年间（806—820），改池州为池阳郡，按古代的阴阳观念，山南为阳，水北也为阳，池州建城于大池之北，所以旧时又名池阳；南吴顺义六年（926），秋浦改名贵池，《舆地志》云“梁昭明太子，以其水出鱼美，名为贵池”；宋开宝七年（974）、太平兴国三年（978），先后将升州（江宁县）铜陵、东流归属池州，池州领贵池、铜陵、青阳、石埭、建德、东流六县；元至元十四年（1277）改为池州路总管府，属江浙行中书省江东道宣慰司；明洪武元年（1368）改池州路为九华府，后又改为华阳府，不久又定为池州府，直隶南京（南直隶）；清顺治二年（1645）设江南省（治江宁府，今江苏南京市），池州隶属江南省左布政使司池太道（治贵池），后改属安池太道；江南省一分为二后，池州属江南左布政使司；清康熙六年（1667），江南左布政使改为安徽布政使（治安庆），池州府为安徽八府之一，领地如前；民国三年（1914）撤池州府，附属县划归芜湖道；民国十七年（1928）废芜湖道，池州原附属县直属安徽省；1949年新中国成立，设皖南行署池州专区，辖铜陵、贵池、青阳、石台、东流、至德六县；1952年皖南皖北合并，安徽省建制恢复，池州专区与安庆专区合并成立新安庆地区专员公署，池州诸县或废或置，或分或并，分别划入安庆专区、徽州专区、芜湖专区；1965年成立池州地区行政公署，辖贵池、青阳、铜陵、东至、太平、石台六县；1980年撤池州专区，辖区各县分别并入安庆专区、宣城专区、徽州专区；1988年池州建制恢复，辖贵池、东至、石台、青阳和九华山风景区；2000年撤地建市。

第二节　池州自然与人文环境

池州形胜独特，气候宜人。它位于安徽省西南部，总面积为8399平方公里，由黄山余脉构筑起南部的山区，其中又以九华山为最高点，整个地势由东南向西北逐渐下降，从中山、低山过渡到低山、丘陵，最后到岗地、平原，有三个地貌区。复杂的地势地貌形成了池州独佳的山、湖、洞等自然景观，风景名胜众多。池州地处东经116°38′至108°05′，北纬29°33′至30°51′，处于暖温带和亚热带的过渡带，属亚热带湿润季风气候，四季分明，雨量充沛，光照充足且无霜期长，动植物种类丰富，环境优美，森林覆盖率高，今天它已成为中国第一个生态经济示范区，也是皖南国际文化旅游示范区的核心区域。

池州区位优越，水陆交通便捷。其北濒临长江，与安庆市隔江相望，其南依黄山，与宣城市辖泾县、黄山市辖黄山区接壤，西南与江西九江、景德镇为邻，东与铜陵市及芜湖市辖南陵县相连。可以说，池州临瞰大江，自古就上通荆楚，下控吴越，处金陵之上，当楚蜀之冲，地理位置极为重要。水路方面流经池州达162公里的长江黄金水道连接起汇入长江的九华河、青通河、清溪河、秋浦河、黄湓河、尧渡河等，构织成池州畅达的水运交通网络；陆路方面既有通往安徽徽州、安庆、宁国、太平，江西九江、饶州，江苏江宁等府的驿道、商道，又有朝拜九华山的朝圣道等古道10多条[①]，连接起池州内陆与外界的联系，但总体来说，青山环绕的南部山区交通相对于岗地、丘陵和沿江平原而言，还是较为闭塞。

池州文明上溯远古，源远流长。优越的区位，宜人的气候，独佳的环境，使得这一地区适宜人类的生存与发展。东至县华龙洞遗址证实了早在更

① 池州市文广新局编：《池州古道概述》，池准印证号：皖CZ—16007，2016年4月编印。

新世中期，即距今30万年前[①]，先民们就在这片沃土上从事渔业、狩猎和农耕生活，刀耕火种，繁衍生息。在漫长的历史时期里，池州兼容并蓄，孕育了辉煌的地域文化。千百年来，吴越文化、荆楚文化和中原文化在这里汇聚，道家、儒家和佛教文化在这里融合；楚词名家屈原，山水诗宗陶潜，昭明太子萧统，唐代诗仙李白、晚唐诗人杜牧与杜荀鹤，北宋名臣范仲淹、包拯，南宋民族英雄岳飞，近代实业家周学熙，佛学大师杨文会等历代名士仰慕池州山水，追寻圣贤足迹，或造访、或隐逸、或镇守、或任职，留下了数以千计的诗文华章，创造了许多宝贵的文化遗产，池州“千载诗人地”的美誉声名远扬。

池州境内的九华山既是中国佛教四大名山之一，又是国家首批AAAAA级风景名胜区。“众生度尽，方证菩提；地狱未空，誓不成佛”，地藏信仰是九华山佛文化形成之源，从佛经中的菩萨到真人金地藏，最终形成了理念高尚、个性突出和系统完整的九华山佛教文化。池州也是中国戏曲文化的重要流行区，有着广泛的群众基础。池州傩戏、青阳腔列入国家级非物质文化遗产名录，目连戏、文南词、鸡公调、罗城民歌、石台唱曲等列入省级非物质文化遗产名录。“五里不同风，十里不同俗”，独特的地理位置、多元文化的交融汇聚，形成了池州风格迥异的民俗文化，九华山庙会、东至花灯、福主庙会、平安草龙灯、青阳农民画、酉华唱经锣鼓等国家级、省级非物质文化遗产名目众多。其中被誉为“戏曲活化石”的池州傩戏引起了国内外学者的高度关注，池州也因傩事兴盛而被誉为“中国傩戏之乡”。近些年来，池州傩在“百花齐放”政策指引下，作为优秀传统文化遗产，从僻寂山区里走了出来，带着古朴粗犷原始的泥土芳香，步入了艺术舞台和学术殿堂。

---

① 2015年11月20日，中国科学院古脊椎动物与古人类研究所、安徽省文物考古研究所以及东至县人民政府联合举行的“东至县华龙洞古人类遗址重大发现——考古成果发布会”公布了2014—2015年东至县华龙洞遗址考古发掘重大发现。华龙洞古人类与安徽和县猿人（距今30万年前）时代接近或更早。

第二章　池州傩的形成、发展和分布

池州傩文化是中国傩文化重要的组成部分，演绎着“驱邪逐疫”的傩文化共性，又带有驱邪纳祥、娱神娱祖娱人的独特个性。本章从“傩”释义及起源开始，着重阐述池州傩的形成、发展历程、流布情况、组织形式和搬演时间等情况。

第一节　傩的起源及池州傩的形成

池州傩何时起源，无从稽考，但池州傩何时形成，则有史料可证。在论述池州傩的形成之前，我们首先应了解“傩”的本意及其起源，这有益于对池州傩的理解。

一、傩之本意及其起源

有学者指出，“傩”字有5种读音、10种字义[①]。我们认为，“傩”字的

① 钱茀：《“傩”字解读》，文载白庚胜，俞向党，钟健华主编：《寻根问傩：国际傩文化学术研讨会论文集》，江西人民出版社2007年版，第5—15页。

本义，当取《说文解字》的解释：“行有节也。从人，难声。”[①]段玉裁注：“行有节度。按此字之本义也。其驱疫字本作难，自假傩为驱疫字，而傩之本义废矣。”[②]由此可知，“行有节”即行为有节度、有节奏之义，是“傩”之本来意义。另见《国风·卫·竹竿》有：“巧笑之瑳，佩玉之傩。”[③]此处的“傩”字，《毛诗正义》也解释为：“行有节度。”[④]

“傩”作驱逐疫鬼之解，此乃使用傩的假借义，此时“傩”是“难”的假借字。“难”，本字作鷬（鷬）。《说文解字》解释为：“鷬，鸟也，从鸟，堇声。”[⑤]“难”的本义是鸟，但是，当驱疫解之“难”，非用本义，亦是假借义。既然“傩”“难”均为假借字，而非本字。那么，“驱鬼逐疫”的本字是什么呢？我们认为，它的本字是䰐（䰐）。䰐在《说文解字》中解释为：“见鬼惊词，从鬼，难省声。”[⑥]段玉裁注：“䰐，见鬼而惊骇，其词曰䰐也。䰐为奈何之合声，凡惊词曰那者即䰐字。”[⑦]如《左传·宣公二年·传》云“弃甲则那”[⑧]，句中“那”，即奈何之合音。《说文通训定声》解释䰐：“见鬼惊貌，从鬼，难省声。按：难省声读若傩，此驱逐疫鬼正字，击鼓大呼似见鬼而逐之，故曰䰐。经传皆以傩为之。”[⑨]依据训诂学解释，现在所谓的“傩”（如傩祭、傩舞等）是驱逐疫鬼，本字应为“䰐（䰐）”“儺（傩）”“鷬（难）”，均是假借字。训诂中将这种现象称为“古音通假”，属本有其字假借，即已有的“䰐（䰐）”不用，却借用一个与“䰐”同音而意义毫不

---

①〔汉〕许慎:《说文解字》,天津市古籍书店1991年影印版,第162页。

②〔汉〕许慎撰,〔清〕段玉裁注:《说文解字注》,中州古籍出版社2006年版,第368页。

③〔汉〕毛公传,〔汉〕郑玄笺,〔唐〕孔颖达等正义:《毛诗正义》(卷第三·三),上海古籍出版社1990年版,第136页。

④〔汉〕毛公传,〔汉〕郑玄笺,〔唐〕孔颖达等正义:《毛诗正义》(卷第三·三),上海古籍出版社1990年版,第136页。

⑤〔汉〕许慎:《说文解字》,天津市古籍书店1991年影印版,第80页。

⑥〔汉〕许慎:《说文解字》,天津市古籍书店1991年影印版,第188页。

⑦〔汉〕许慎撰,〔清〕段玉裁注:《说文解字注》,中州古籍出版社2006年版,第436页。

⑧ 李梦生撰:《左传译注》,上海古籍出版社1998年版,第430页。

⑨〔清〕朱骏声:《说文通训定声》,艺文出版社1994年版,第729页。

相干的“傩”，后来就用假借字的“傩”代替本字“𩲡”，假借字“傩”的本义（即“行有节度”）逐步消失，演变为驱逐疫鬼之意。

远古鸿蒙时代，由于社会生产力水平相对低下，人们对自然界、对周围世界甚至人类社会自身缺乏客观科学的认知，便进行奇特和虚幻的加工，认为万事万物都有主宰的各种神灵，即“万物有灵”，主神、众神、祖先灵魂等超自然物被人格化，被认为是实际存在的，直接参与人类的各项活动，一个人的生与死、祸与福、姻缘轮回、命运前程等，以及人们赖以生存的周围环境甚至整个社会，均由这些神灵掌控统治。萨满、祭司等巫师则是人和神灵的中介人，在特定的形式下，借助工具或法物进行“驱灾纳福”活动，带有迎神逐疫意义的“傩”便应运而生。可以说傩之起源甚为久远，经过长期的孕育，约在五六千年前的父权制氏族社会，“形成雏形傩仪，成为中国驱赶巫术的一种主要品种——依据神话传说所折射出来的一些史前信息，经过禅让时代的改进，最后发展成为不甚完善的原始傩礼——这只是一种假说”①。

大量甲骨卜辞与文献证实，迟至殷商时期，原始傩礼已发展为规范的上古傩礼②，至周代已日臻成熟。《礼记·月令》载“季春之月……命国傩，九门磔攘，以毕春气。……仲秋之月……天子乃傩，以达秋气。……季冬之月……命有司大傩，旁磔，出土牛，以送寒气”③。可见，周朝已有“国人傩”“天子傩”“大傩”等多种形态的傩仪，并且在不同的季节发挥不同的作用。这些傩仪反映了早期人类与自然的一种关系，自然对人类生存、发展的制约以及人类迫切希望改变自然气候对人类生存影响的愿望，从而需要“毕

① 钱茀：《傩俗史》，广西民族出版社、上海文艺出版社2000年版，第237页。

② 参见饶宗颐：《殷上甲微作禓（傩）考》，《传统文化与现代化》，1993年第6期；于省吾：《甲骨文释林·释宄》，中华书局1979年版，第48—49页。饶文认为，《世本·作篇》所载“微作禓，五祀”中的“微”即殷王八世孙上甲微，“禓”即“傩”，并提出“傩肇于殷，本为殷礼，于宫中驱除疫气，其始作者实为上甲微”。于文则依据甲骨卜辞考证出“商傩宄礼”。

③〔汉〕郑玄注，〔唐〕孔颖达疏，龚抗云整理，王文锦审定：《礼记正义》，北京大学出版社2000年版，第562—571页。

春气”“达秋气”“送寒气”，虽然傩仪的形态随着季节的不同而不同，但都是通过“傩”在人类不可认知的自然、宇宙中找到一种驱逐危害和不祥的途径[①]。

由此可见，“傩”系原始社会逐疫活动的产物，源于原始古朴的宗教意识与宗教信仰，通过行“傩”来沟通神灵，祈神逐疫、祈神佑人。

二、池州傩的形成

池州古为吴、楚之地，吴人、楚人均信巫鬼，常以歌舞事鬼神。所以，长江以南保持着久远的巫傩信仰。在池州，傩有很多称谓，地方志书中称“杂戏”或“杂剧”，有些乡村称“嚎啕神戏”，有些乡村称“地戏”，通称傩戏。按照演出对象、演出场所，“傩”可分为民间傩、宫廷傩、军傩和寺院傩四种，池州傩属于民间傩，即孔子所称的“乡人傩”[②]。

池州傩事活动始于何时，尚无定论。目前发现最早记载池州傩的史料为晚唐流寓池州的文人罗隐所作的《文孝庙》一诗：“秋浦昭明庙，乾坤一白眉。神通高学识，天下神鬼师。”[③]这说明池州傩事活动至少在晚唐时期就已经盛行。明嘉靖《池州府志》载：“祀社毕饮，执手踏歌。”其“时序·逐疫”条载：“凡乡落自十三至十六夜，同社者轮迎社神于家……群饮毕，返社神于庙，盖周礼逐疫遗意。……乡市同社者偕社众送社神（即面具）于轮社者之庭，祭以祈年。祭毕，馂其余而返。”[④]池州有的宗族家谱对傩戏稍事勾勒，如清光绪三年（1877）重修《姚氏宗谱·信仰篇》载：“每年正月元日、元宵两夜演之。”[⑤]清光绪甲申年（1884）重镌《梨园章氏宗谱·风土

① 参见刘祯：《傩戏的艺术形态与形成新探》，《中国政法大学学报》，2010年第3期。

② 参见张邦启：《池州傩戏发展钩沉及其活化石价值》，文载程必定，王青松编著：《皖江文化与东向发展》，合肥工业大学出版社2007年版，第405页。

③〔清〕郎遂：《杏花村志》卷八《绝句无言》，合肥：黄山书社2015年点校版，第163页。

④〔明〕王崇：《池州府志》卷二《风土篇》，明嘉靖二十四年（1545）刻本。

⑤ 贵池《姚氏宗谱》卷首《信仰篇》，清光绪三年（1877）重修刻本。

篇》载："新年蛋茶相馈，开筵请亲邻，作傩戏。"①这些简单的记录，证明池州傩有着久远的传承。

池州傩事活动与祭祀昭明太子有着密切关系。池州曾盛行"春祭"和"秋祭"，春祈年而秋报实。在这种祭祀活动中，梁昭明太子是一位享祀规格很高的傩神。"昭明"是梁武帝萧衍的长子萧统（501—531）的谥号，贵池是他的封邑。由于他品德贤孝仁爱，才华学识兼备，遇灾年能体恤百姓，深得池州民间百姓的爱戴。可惜"天不假年"，梁中大通三年（531），三十岁的他，却英年早逝。昭明太子逝世后，贵池人把他的英灵当作自己的保护神，建祠立庙、设坛祭祀以示怀念。唐初，祭祀昭明太子的仪式已经非常隆重，开始有了专事祭祀的巫祝。永泰元年（765），池州恢复建制并迁州治于贵口（今池州市城区）时，在新址城西修建祠一座，飞甍雕楹，丹朱漆，寝殿塑昭明太子坐像，白面无须，衮服珠冕，称郭西九郎庙或昭明祠，亦称文孝庙、英济广利王祠，俗称西庙，迄今已有1200多年了。又据《杏花村志》引宋人张邦基《墨庄漫录·昭明庙祝周氏杂记》文："今池州郭西英济王祠，乃祀梁昭明太子也。其祝周氏亦自唐开成年间（836—840）掌祠事至今。其子孙分八家，悉为祝也。"②黄庭坚于绍圣元年（1094）曾游历池州西庙，咏《贵池诗》并自注云"池人祀昭明为郭西九郎，时新覆大舟，人以为神之威也"③，昭明太子在池州人眼里已然由人升格为福佑一方的神灵。陆游在入蜀就职途径池州时将此事也记载下来，"今池州城西有神甚灵者曰九郎，或云九郎即昭明（太子）"④。宋明两代，一依旧俗，但仪式内容上由对昭明太子的纪念转向求神祈福，扮傩神祀昭明。《杏花村志》卷九《池州迎昭明会记》中载之更详："池故事，八月十五日为梁昭明千秋。其朔，遣耆老一人，执一杖骑而告庙，谓之'列马'……是日，诸家扮会迎神者，所

①《梨园章氏宗谱》卷首《风土篇》，清光绪甲申年（1884）重镌刻本。

②〔清〕郎遂：《杏花村志》卷十《书庙祝一则》，黄山书社2015年点校版，第195页。

③〔清〕郎遂：《杏花村志》卷六《题咏》，黄山书社2015年点校版，第117页。

④〔宋〕陆游：《渭南文集》卷四五《入蜀记》，中华书局1976年点校版，第278页。

扮为关壮缪、为城隍、为七圣二郎、为玄坛。其扮也，则各骑乘奉面具，或于东门之桥，或于南门之狮子口，盛妆饰仪从，惟七圣则用机械引刀穿颈贯腹，而各以旗旄鼓吹导之，步梁昭明辇于西门外，杏花村之马站坡。而骑乘以还游于通市，或及郡县之公堂。薄暮而毕，脱面具以交于明年之扮者。”[①]可见当时池州人以“跳傩”（戴面具扮角色）这种形式来祭祀这位享祀规格很高的“文孝昭明圣帝”“案菩萨”[②]。今天东山韩傩事活动仍遵祖制将“案菩萨”置于傩神面具前接受族人的祭祀，便是池州傩源于祭祀昭明太子的佐证。但早期的“跳傩”还不具备戏曲的主要特征，“扮会迎神者”只是戴面具扮神相的傩舞。从罗隐的诗作及后世历代官府与民间的祭祀活动来看，我们初步认为池州傩最迟于晚唐时期池州人对昭明太子的祭祀祈福活动时即已形成，但其萌生应该更早，可能与傩的起源同步，毕竟远古时期的池州土地上已有人类的活动，可惜无资料可稽上溯。

昭明太子神像(池州市秀山门博物馆藏)

①〔清〕郎遂:《杏花村志》卷九《池州迎昭明会记》,黄山书社2015年点校版,第180页。

②“案菩萨”是池州民间对昭明太子的俗称,因在居舍客厅案几上供奉昭明太子木制雕像而得名。

东山韩傩神会面具摆位与昭明太子坐像

第二节　池州傩的发展历程

2006年，池州傩戏被列为首批国家级非物质文化遗产。池州傩戏包含傩仪、傩舞和傩戏在内的完整意义上的池州傩文化。这种将故事性情节的戏曲引入驱邪逐疫的傩事活动中，是池州傩发展的鼎盛时期。因战祸等原因，池州傩在其发展的过程中，也遭遇了挫折。时下，池州傩作为珍贵的非遗文化重现生机。

一、发展与鼎盛

从上节内容来看，我们可以确定池州傩最迟于晚唐时期即已形成。但其何时萌生，惜无史料考证，可能与傩的起源同步。唐宋时期为池州傩的发展阶段，人们将傩与祭祀南北朝昭明太子活动融合起来，不仅举行傩祭，还有跳傩活动（傩舞），虽然此时是尚无故事性情节的戏曲活动，但可以视作假面戏曲的酝酿时期。已故傩戏研究专家王兆乾先生通过对池州傩戏早期剧目、明成化刊本说唱词话、南戏、变文以及祭祀昭明太子的歌舞活动等方面材料的比较分析，认为以池州傩为代表的中国假面戏曲的酝酿形成，应在“变文产生的时代——唐代”，因为这个时候，说唱文学与村社歌舞已在傩事活动中结合起来，“下限定在元明之际”①。也就是说，唐代是池州傩戏的酝酿形成时期，到了元明之际池州傩戏已基本定型了。此说可存备，我们认为，唐代池州傩已然形成，但戏曲的元素似乎尚无痕迹可以追踪。就中国傩文化而言，宋元明清时期，随着经济重心的南移、商品经济的迅速发展和市

① 王兆乾：《从贵池对昭明太子的祭祀看傩戏的形成》，文载王兆乾主编：《傩戏·中国戏曲之活化石——全国首届傩戏研讨会论文集》，黄山书社1992年版，第56—77页。

民阶层的迅速崛起，戏曲元素逐渐融入傩仪（礼），傩学专家钱茀先生认为这一时期是傩戏的形成和普及期，“傩中戏”和“戏中傩”交相推动，促成傩戏大面积出现。傩俗与多种民俗杂交，使傩俗庞杂化，也可以说这一时期为傩俗杂交期[①]。池州傩戏自应遵循这一规律，因此，另一种观点认为真正形成既有戏剧情节表演艺术，又有角色行当分工和舞台砌末等具备戏曲特征的三段体池州傩戏，至少是在明中叶前。王平博士在《明清两代安徽贵池傩戏探微》一文里，通过文献资料的考证分析，认为“明代中期以前，安徽贵池傩戏就已形成，明嘉靖时期，贵池傩戏就已经很兴盛”[②]。这一观点目前已被学界大多数人接受，也有详实的资料印证。如：明嘉靖《池州府志》“时序·逐疫”条载“凡乡落自十三至十六夜，同社者轮迎社神于家，或踹竹马，或肖狮象，或滚球灯，妆神像，扮杂戏，震以锣鼓，和以喧号，群饮毕，返社神于庙（昭明庙），盖周礼逐疫遗意”[③]，反映了池州傩将具有故事情节的杂戏串缀于傩活动中的时间不晚于明嘉靖年间。官方真正以“傩戏”相称，则是在康熙五十年（1711），池州知府马世永主修的《池州府志》。而民间以“傩戏”称之则见于梨村章氏家族的谱牒文献，谱载：“新年蛋茶相迎，开筵请亲邻，作傩戏。初六七择吉戏神下架，至十六日止乃上架。每年有神首轮管。或骑竹马，或踹高跷，周礼所谓‘执戈扬盾’‘黄金四目’者，犹仿佛有之。鸣金跳号，谓之逐疫。”[④]明末清初诗人刘城隐居池州乡间，曾写有数首在池州乡间观傩的诗作，如作于明崇祯十一年（1638）的《上元曲》有“七人八谷期尚遥，九陌三衢欢已足”“高鼻黄须日逐雄，金目文皮猛兽扑”诗句，作于清顺治三年（1646）的《上元即事效俳体》有“面具登场嚣鼓挝，蜡辞傩舞共讴哑”诗句，形象地描绘了正月初七（人日）与正月十五有傩事活动[⑤]。

① 参见钱茀：《傩俗史》，广西民族出版社、上海文艺出版社2000年版，第238页。

② 王平：《明清两代安徽贵池傩戏探微》，《戏曲研究》，2005年第1期。

③〔明〕王崇：《池州府志》卷二《风土篇》，明嘉靖二十四年（1545）刻本。

④《梨村章氏宗谱》卷首《风土篇》，清光绪甲申年（1884）重镌刻本。

⑤ 参见王平：《刘城和他的四首贵池“观傩诗”》，《池州师专学报》，2004年第4期。

综上所述，这种“扮会迎神”的傩祭、傩舞，在宋元时期已渐渐形成“傩中戏”和“戏中傩”交相推动，至明中叶发展到既有傩仪、傩舞，同时又具备故事情节、人物角色和戏曲特征的池州傩戏，清代以降，其傩事活动一依前例演出。可以说，明清时期是池州傩发展的鼎盛阶段。

二、受挫阶段

池州傩在发展过程中也经历了几个挫折阶段。一是元末明初之际，南方红巾军起义，元至正十一年（1351）陈友谅部将赵普胜攻占池州及诸县，至正十七年（1357）朱元璋部将常遇春占领池州，两军长期反复争夺池州[①]，池州成为战争的主战场，至明朝初期，池州已处于“土地荒芜”“居民鲜少”的境地，傩事活动几乎废止；二是太平天国时期，清咸丰三年（1853）至同治二年（1863）太平军与清兵反复争夺池州，池州又成为战争的主战场[②]，人口锐减，许多宗族祠堂被破坏，面具被焚，傩事活动规模也变小，光绪三年（1877）重修《姚氏宗谱·信仰篇》载“每年正月人日、元宵两夜演之。昔有四夜，兵燹后，南（边）荡（里）减并为二夜，余有三夜、四夜不等”[③]；三是抗日战争时期，1938年8月始，日军逐步侵占池州及诸县，烧杀抢掠，无恶不作，池州傩又一次遭到严重破坏；四是20世纪“四清”至“文革”时期，由于“左”的思潮影响，人们认为池州傩是迷信活动，到1957年各宗族傩事活动都被迫停止，各家族的傩戏面具和世代传抄的傩戏剧本被焚，许多家族傩戏从此失传。

① 参见池州地区地方志编纂委员会:《池州地区志》,方志出版社1996年版,第15—16页。

② 参见池州地区地方志编纂委员会:《池州地区志》,方志出版社1996年版,第22—23页。

③ 贵池《姚氏宗谱》卷首《信仰篇》,清光绪三年(1877)重修刻本。

三、焕发生机

党的十一届三中全会后，古老的傩事活动被人们重新拾起。1983年，原贵池县刘街乡殷村村民姚官保在夹墙中发现“文革”前的三枚面具，便与村里的老人们商定，请青阳县庙前雕匠林宗琳和其祖父重刻，补齐了其余面具，率先恢复了家族的傩事活动。其他村子如太和章、南山刘、姚村、茶溪汪、老屋唐、东山吴、东山韩、邱村柯以及荡里姚等也相继恢复傩戏演出。这个时期，特别值得一提的是王兆乾先生，他是调查研究池州傩的第一人，在他的大力宣传与推介下，池州傩引起中外专家学者的高度关注与重视，他们纷纷来池州实地调研，成果显著。1987年，“全国首届傩戏学术研讨会”在安徽贵池召开，这是池州傩第一次全面向外界展示，具有里程碑意义。同时政府部门认识到池州傩不是封建迷信，而是中国珍贵的文化遗产，于是成立“池州傩”文化遗产抢救保护组织，着力抢救保护与扶持乡村傩事活动。2006年5月，池州傩戏被列入首批国家级非物质文化遗产名录，影响大增。此后，池州傩戏不仅在各村族内按其祖传的程序演出，还先后受邀赴新加坡、韩国、德国等国家进行文化交流演出，社会反响强烈，影响力进一步扩大[①]。

1987年在安徽贵池召开的“全国首届傩戏学术研讨会”会场

① 参见金龙:《贵池傩面具的数字化图形设计研究》,首都师范大学硕士学位论文,2007年。

现今，池州傩乡各村族基本恢复傩戏的演出，演出的村族达34个。2019年，贵池区墩上街道茅坦杜、柏冶胡两姓复建东湖大社，组建傩神会，在国家级非物质文化遗产项目传承人姚家伟、唐茂华的指导下恢复傩戏的搬演。这些村族复演傩戏，对池州傩文化的保护与传承起到了积极的作用。此外，安徽省文化和旅游厅、池州文化和旅游局也拨付非物质文化遗产保护专项基金扶持池州傩戏的演出；池州市还组建了“傩艺团”、傩文化艺术馆。2016年，池州学院成功申报“安徽省非物质文化遗产（池州傩戏）教育传习基地”，积极开展池州傩文化的宣教传习活动。可以说，池州傩又再度焕发出勃勃的生机。

第三节　池州傩的分布与组织形式

一、池州傩的流布

池州傩主要流传于中国佛教圣地九华山麓方圆百公里的贵池、青阳和石台等县（区），尤其集中于池州市贵池区原刘街、梅街、茅坦、棠溪、解放、墩上、涓桥和里山等乡镇的山村和圩区的姚、刘、章、唐、汪、柯、金、曹、李、姜、杜、吴、韩等几十个大姓家族，史载“无傩不成村”。至1949年新中国成立时，池州尚有30多个宗族傩神会，有近80个自然村从事傩事活动。由于时世的发展、民间传承者的辞世以及“文革”等因素，目前，池州有17个宗族、34个自然村正常开展傩事活动（详见表2-1）。

表2-1　目前池州演傩村、族一览

序号	各族姓傩神会名称	行政区域	演傩村(自然村)
1	刘姓傩神会	梅街镇刘街村	上村、下村、岸门、前山、汤村、立山、风玲、童村
		梅街镇和平村	观音阁
2	姚村傩神会	梅街镇刘街村	山里姚、山外姚
3	殷村姚(南边姚)傩神会	梅街镇刘街村	殷村姚、毛坦姚
		梅街镇姚街村	楼华姚
		梅街镇和平村	庄村(屋)姚
4	荡里姚傩神会	梅街镇姚街村	荡里姚
5	西华姚傩神会	梅街镇梅街村	西华姚
6	太和章傩神会	梅街镇和平村	太和章
7	源溪曹傩神会	梅街镇源溪村	源溪曹
8	源溪金傩神会	梅街镇源溪村	源溪金

续 表

序号	各族姓傩神会名称	行政区域	演傩村(自然村)
9	徐村柯傩神会	梅街镇源溪村	徐村柯
10	汪姓傩神会	梅街镇刘街村	茶溪汪
		梅街镇源溪村	双龙汪(程家山)
11	邱村柯傩神会	梅街镇潘桥村	邱村柯
12	峡川柯傩神会	梅街镇峡川村	峡川柯
13	铺庄傩戏会	梅街镇铺庄村	杨冲王、新屋谢
14	东山吴傩神会	棠溪镇东山村	东山吴
15	东山韩傩神会	棠溪镇东山村	东山韩
16	山湖村傩神会	墩上街道山湖村	老屋塘、新屋塘、阳春王
17	茅坦杜傩神会	墩上街道茅坦村	茅坦杜
		墩上街道山湖村	柏冶胡

贵池曾是“无傩不成村”的地方，傩的分布遍及城乡。现在一些家族举行傩仪宣读的“请阳神词”中，把自秋浦河注入长江入口处的池口开始直至本村沿途的社神、桥梁之神、水口之神、庙宇之神以及沿路有傩戏面具的大社的嚎啕戏神都迎请莅临。从迎请的神的名单中可以找到很多演傩戏的古老家族，如刘街茶溪汪村的请神词中就有“苦竹畈嚎啕戏会要戏龙神”“邱村畈嚎啕戏会要戏龙神”，还有“虾湖社”“东山社”“姚村社”“灵田社”“汪村畈”的嚎啕戏会要戏龙神以及“瓦窑塘老郎师傅”（老郎为戏神，说明该村有演唱目连戏或青阳腔的戏班）等等。这些古老的地名、社名，在今日的地图上多已不见。根据实地考察的情况，历史上池州傩流布区域如下图所示：

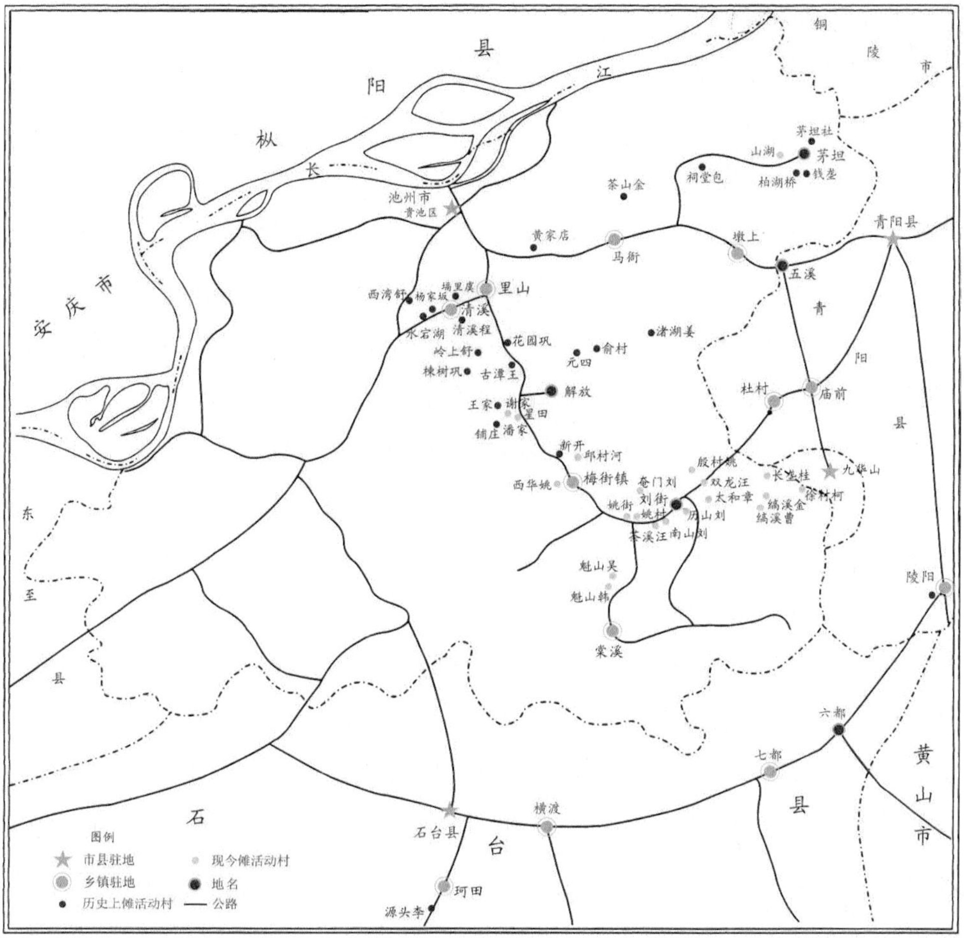

池州傩流布示意图

二、池州傩的组织形式

（一）傩神社、傩神会

池州各宗族的傩事活动都在“社”的范围内举行，由“社”下面的傩神会具体操办，每会均设“会首”一名或数名，执事若干名。“会首”又称“年首”“香首”或“神首”，通常推族长或年尊辈长者为“年首”，策划、统辖兼主持傩戏表演活动。

“社”是中国历史上涵义较为丰富的一个词，初始涵义是指一方的土地神（土主），是先民对土地崇拜的产物，相伴而生的便是对土地神的祭祀，称“社祀”。但华夏“土地阔不可尽敬（土地之主），故封土为社，以报功也”[①]。在“封土为社”的过程中，“社”又衍生出乡里基层单位的含义，所谓“古人以乡为社”[②]即是此指。在漫漫的“社祀”过程中，“社”又变成了民间春祈秋报的迎赛活动的组织单元。可见，“社”具有多重的词义，“（既）是土地神的象征，也是土地所有权的象征，既是祭祀单位，又是行政单位”[③]。作为一种祭祀单位和迎赛活动的组织单位，“社”是通行全国的，明立国之初，朱元璋为限制“淫祀”，规定了乡村的里社祭祀仪礼：“凡各处乡村人民，每里一百户内，立坛一所，祀五土五谷之神……遇春秋二社，预期率办祭物，至日约聚祭祀。”[④]明中期以后，“长江流域的宗族活动蓬勃兴起”[⑤]，民间的私社淫祀活动又重新盛行，各种迎神赛会活动甚是红火，因而，“民间社祭所崇拜的未必是土地之神，而是一个庞杂的神灵系统”[⑥]。可见，“社”具有祭祀性、区域性、组织性和泛神灵性。池州傩的组织单元“社、会”便具备这一特征。有学者研究认为历史上池州贵池东南山区的“社”与宗族的势力范围基本吻合，实质上均以宗族为演出单位[⑦]，但却冠以社名，体现了“社”的祭祀性、区域性、组织性和泛神灵性的特征。现如今，傩乡各族姓傩神会遵循祖制，仍然以“社”作为自己的组织单元，并称之为“××大社傩神大会”“××大社嚎啕戏会”“××大社二郎会”“××大社昭明会”等。

---

①〔唐〕徐坚等撰：《初学记》卷十三·礼部上《社稷第五》。

②〔清〕顾炎武著，黄汝成集释，栾保群、吕宗力校点：《日知录集释》卷二十二《社》，上海古籍出版社2014年版，第496页。

③ 陆炎：《贵池傩与社稷》，《云南师范大学学报》，2005年第3期。

④〔明〕佚名撰：《洪武礼制·祭祀仪礼》，明万历刻皇明制书本。

⑤ 林济：《长江流域的宗族与宗族生活》，湖北教育出版社2004年版，第10页。

⑥ 陆炎：《贵池傩与社稷》，《云南师范大学学报》，2005年第3期。

⑦ 谈家胜：《宗族社会与池州傩戏的关系研究》，江苏凤凰美术出版社2018年版，第46页。

由于各族姓的大小不一，地望不同，社会地位不同，社与傩神会的组织形式也不尽相同，主要有如下几种形式：

其一，一个宗族有几个傩神会社。一个宗族支系庞大，分居多个自然村，多按支系分为多个大社，组成多个傩神会。如贵池梅街镇的姚氏宗族和刘氏宗族在清代便有“九刘十三姚”之称，即刘姓分居九个自然村，姚姓分居十三个自然村。据光绪三年（1877）重修《姚氏宗谱》记载，姚氏始迁祖姚祥七从今江西省迁安徽贵池是在至今一千多年的五代之南唐后期，后来，又有姚清源之后裔自皖南绩溪迁来，因为同宗，所以同修家谱，这一支称西华姚。千余年来，姚姓人丁繁衍，据《姚氏宗谱》载，至清代已分为霞湖南边、霞湖坎上、西华、虾湖、姚村、太和、宋村七支，分别组成姚村大社、虾湖大社、霞湖永兴大社、西华大社等，各社各自雕刻面具，组成傩神会。

傩戏乡村——贵池区梅街镇刘街社区姚街村

其二，一个家族聚居一个自然村为一大社，有一个傩神会。这类组织形式较多，现已恢复活动的村有太和章、东山吴、源溪曹、源溪金等。以太和章村为例：太和章位于贵池区梅街镇刘街社区南侧，除彭、汪、刘、曹、鲁五姓为近40年迁入外，其余均为章姓。据《章氏宗谱》记载，章姓原居福建浦城，后迁安徽泾县，始迁祖保三公（1331—1392）于明代迁入太和（今太和章村），以后人丁繁衍，分作金兰公、玉兰公两大支系，两大支系下又分成容公、祖志公、业祥公、守祥公、尧祥公、显志公等小支系，数百年来，后世子嗣团聚于太和，组建“太和大社”，其傩神会则由两大支系各推选一名长辈为正副香首，再推出若干人为执事，具体筹办太和章村的傩事活动。

其三，几个不同姓氏家族共同组成一个大社，各姓氏另组傩神会。如贵池区墩上街道山湖村唐、王、项等家族共同组成“黄岗东社”，唐、王二姓分别组成山湖村傩神会。该街道茅坦村和山湖村的杜、胡二姓也是如此，两姓共同组成“东湖大社”，组成茅坦杜傩神会。出现这种数姓或数村共组一“社”的原因，一般是一些家族人口不多，经济能力不足，或者因有姻亲关系、地缘关系（如一条水系，生产上互相依赖），形成共同的社祭祀圈，有共同的社坛或庙宇，而这种情况在池州傩文化里虽然存在，但不居多数。

总之，历史上池州傩的组织形式是“社、会”，实质上是由宗族举办，一社共用一堂傩神面具，但社下的各族傩神会又各自开展自己的傩事活动。各族傩神会无职业的班社，演员均是族内的男丁充任，各自为戏，互不交流，众推族内长者为年首或执事（策划、统辖兼主持者），负责牵头、率领和安排当年的傩事活动。现今随着乡村社会的变化，池州傩的会社组织名称依旧，但一些傩神会的年首或执事多为自然村中有一定组织能力、拥有良好人脉关系或由既有威望、又热心傩事活动的人担当，至于年首或执事的姓氏如何，已显得不那么重要了。

（二）活动时间

历史上池州各族姓会社的演傩时间在农历正月初七至正月十五，也就是从春节后的“人日”（正月初七）开始，到“元宵”结束。在傩事活动时间里，各家族或自然村按照所属傩神会约定的日期，将面具迎接到本村，一般一个村庄只活动一天。轮值在正月十五的村庄，则更为隆重，要演出全部剧目，并负责保管面具至第二年春节。如果一个自然村拥有一堂面具，就要在正月初七将所有面具从神龛中取下，供奉在堂前，演出的日期则各村有所不同。现今各族姓的傩戏演出时间与内容基本按照祖制，一些村落因应族人外出务工的需要，演傩时间有所提前，详见表2-2。

表2-2 池州各傩村演傩情况

行政区域	傩村	演出时间（农历）	演出地点	演出内容
梅街镇源溪村	徐村柯	正月十三	社树旁、柯氏宗祠	傩仪、傩舞、朝社树、傩戏《和番记》
	源溪金	正月十三、十五	社树旁、金氏宗祠	傩仪、傩舞、朝社树、傩戏《刘文龙》
	源溪曹	正月十三、十五	社树旁、汪氏傩戏舞台	傩仪、傩舞、傩戏《陈州散粮》《刘文龙》《孟姜女》
	程山汪	正月初八	程山汪、汪氏傩戏舞台	傩仪、傩舞、朝社树、傩戏《刘文龙》
梅街镇和平村	太和章	正月初七、初八	太和章氏宗祠	傩仪、傩舞、傩戏《和番记》
	庄村姚	正月初五	庄村组公屋	傩仪、傩舞、傩戏《刘文龙》《孟姜女》
	观音阁	正月初二	观音阁刘氏宗祠	傩仪、傩舞、傩戏《刘文龙》《孟姜女》
梅街镇刘街社区	山里姚、山外姚	正月初七、十五	山里宗祠、山外宗祠	傩仪、傩舞、傩戏《刘文龙》《章文选》[1]、青山庙会
	立山	正月初三	立山宗祠	傩仪、傩舞、傩戏《刘文龙》《孟姜女》、青山庙会
	前山	正月初四	前山宗祠	傩仪、傩舞、傩戏《刘文龙》《孟姜女》、青山庙会
	风岭	正月初五	风岭宗祠	傩仪、傩舞、傩戏《刘文龙》《孟姜女》、青山庙会
	童村	正月初六	童村宗祠	傩仪、傩舞、傩戏《刘文龙》《孟姜女》、青山庙会
	汤村	正月初七	汤村队屋	傩仪、傩舞、傩戏《刘文龙》《孟姜女》、青山庙会
	下村	正月初八	下村队屋	傩仪、傩舞、傩戏《刘文龙》《孟姜女》、青山庙会

①《章文选》，又为《章文显》。《章文选》剧本今存梅街镇刘街社区双龙汪姓清代藏本，《章文显》剧本今存棠溪镇东山村吴仲立藏本。两剧本在剧情上基本一致，细节上略有不同，《章文选》内容更为详实。

续 表

行政区域	傩村	演出时间（农历）	演出地点	演出内容
梅街镇刘街社区	上村	正月初九	上村宗祠（天门）	傩仪、傩舞、傩戏《刘文龙》《孟姜女》、青山庙会
	岸门	正月十五	岸门宗祠	傩仪、傩舞、傩戏《刘文龙》《孟姜女》、青山庙会
	殷村	正月初六、十五	殷村宗祠	傩仪、傩舞、傩戏《刘文龙》《孟姜女》、青山庙会
	茶溪汪	正月初七、十五	汪村宗祠	傩仪、傩舞、青山庙会、傩戏《刘文龙》《孟姜女》
	毛坦	正月初七	毛坦宗祠	傩仪、傩舞、青山庙会、傩戏《刘文龙》《孟姜女》
	双龙	正月初五、十五	双龙宗祠	傩仪、傩舞、青山庙会、傩戏《刘文龙》《孟姜女》
梅街镇姚街村	荡里姚	正月初五、十五	荡里姚氏宗祠	傩仪、傩舞、青山庙会、傩戏《刘文龙》《关公登殿》
	楼华姚	正月初八	楼华姚氏宗祠	傩仪、傩戏、傩舞《刘文龙》
梅街镇梅街村	梅街	正月初七、十四、十五	西华姚氏宗祠	傩仪、傩舞、青山庙会、傩戏《刘文龙》《孟姜女》
梅街镇峡川村	峡川村	九月二十五	狮山组大舞台	傩仪、傩舞、游秋案、傩戏《刘文龙》
梅街镇潘桥村	邱村柯	正月初五	梅街文化大舞台	傩仪、傩舞、傩戏《刘文龙》《孟姜女》
梅街镇铺庄村	杨冲	正月初七、十三	杨庄组公屋	傩仪、傩舞、傩戏《刘文龙》《摇钱记》
	新屋谢	正月初八、十五	谢村组公屋	傩仪、傩舞、傩戏《刘文龙》《摇钱记》
墩上街道山湖村	柏冶胡	正月十一、十二、十三	山湖村文化舞台	傩舞、傩仪
	阳春王	正月十四	阳春义兴马公屋	高跷马、傩舞（白天进行出圣、踩地马、晚上高跷马、傩舞）
	新屋塘	正月十五	新屋塘马公屋	高跷马、傩舞（白天进行出圣、踩地马、晚上高跷马、傩舞）

续　表

<table>
<tr><th>行政区域</th><th>傩村</th><th>演出时间（农历）</th><th>演出地点</th><th>演出内容</th></tr>
<tr><td>墩上街道山湖村</td><td>老屋塘</td><td>正月十五</td><td>唐氏宗祠</td><td>高跷马、傩舞（白天进行出圣、踩地马，晚上高跷马、傩舞）</td></tr>
<tr><td>墩上街道茅坦村</td><td>茅坦杜</td><td>正月十三</td><td>杜氏宗祠</td><td>傩舞、傩仪、傩戏《刘文龙赶考》</td></tr>
<tr><td rowspan="2">棠溪镇东山村</td><td>东山韩</td><td>正月初七、十三、十五</td><td>韩氏宗祠</td><td>傩仪、傩舞、傩戏《刘文龙》《章文显》《范杞良》</td></tr>
<tr><td>东山吴</td><td>正月初七、初十、十三、十五</td><td>吴氏宗祠</td><td>傩仪、傩舞、傩戏《刘文龙》《章文显》《范杞良》</td></tr>
</table>

第三章　池州傩的表现形式

完整意义上的池州傩文化包含傩仪（含傩俗）、傩舞和傩戏（又称正戏）三个部分，这三个部分有机地融合在整个傩事活动过程中。因叙述的需要，本章按节的形式阐述池州傩的各种傩祭仪式与傩俗、各支傩舞及傩戏剧目，具体描述池州傩不同的展演形式及文化内涵。

第一节　傩祭仪式与傩俗

历史上池州各宗族的傩事活动，从正月初七第一阶段“迎神下架”开始，直至正月十六“送神上架”结束，各宗族傩神会一直围绕“傩神”来进行，主要表现为“请神—娱神—送神”三个过程，形成了“迎请—娱乐—恭送”的傩祭仪式。迎神时虔诚有加，娱神时恭敬有余，目的在于求财赐福，保佑一方水土平安。他们既尊重神灵，又惧怕神灵，即所谓“敬畏神灵”，因而在傩事活动中特别慎重行事，也因此形成了独特的傩祭仪式与习俗。

一、迎请仪式

该仪式是池州各傩村搬演傩戏时必有的程序，是各族傩事活动的起始环节，各傩神会的迎请仪式均严格按照祖传的程序进行。具体如下：

（一）迎神下架

"迎神下架"，指将面具（傩神）从祠堂阁楼上神幔里分别带有"日""月"字的面具箱子（当地称"日月箱"）中迎请下来。这一仪式每个傩村均有，是每年各宗族傩神会开展傩事活动的第一个程序，标志着一年一度的傩事活动正式开始。

这一仪式一般只由傩神会会首或家族长辈和几个执事人举行。正月初六半夜子时或初七凌晨，会首提灯进入祠堂，亮烛、燃香纸，向面具神龛礼拜。由二人上阁楼抬下面具箱，安置在戏台正中。会首舞动新制的五色伞（也称"神伞"），执事人将面具箱打开，使面具露出，两箱盖相靠，箱两侧的"日""月"两字面向台口，并将嚎啕戏神的牌位放在箱前，点上两支长明烛和一炷香，再把五色伞靠立在两箱内侧，执事人净手后将面具从箱中取出擦拭并按固定位序摆放在龙床上。此时，一锣一鼓便不断奏出"咚、咚、噇"的单调声响，"迎神下架"仪式至此结束。

池州各宗族傩神会"迎神下架"的内容和程式基本相同，但各有特点。我们以荡里姚村的"迎神下架"仪式为例，该村从正月初七凌晨开始"迎神下架"，仪式在姚氏宗祠举行。按照该村惯例，放铳是召集众人的信号，在火铳声的召唤下，事先安排好的几位村民陆续到场，参加该仪式。这时，祠堂大门内第二进摆一祭桌，两侧的一应卤簿执事呈左右对称陈列。再往里，祠堂的中心位置摆放着雕刻精美的盛放面具的龙亭（也称"神轿"），整个场面，雍容华贵，气象森严。"迎神下架"的区域在祠堂左侧，这里摆放了龙床、面具、祭桌、烛台、肃静牌、回避牌、兵器架等很多仪式需要使用的重要物品。锣鼓演奏者的位置在舞台的左前方，兵器架上插有偃月刀、双戟、蛇矛、戟等木制“武器”，配合“肃静”“回避”“傩神大会”牌，显得庄严肃穆，神威十足。

梅街镇荡里姚傩神会“迎神下架”仪式

先是准备工作，参与人员从点燃起烟的稻草把子上迈过、薰手，然后用热水净手，接着开始举行“迎神下架”仪式。几位村民把装有面具的日月箱小心地抬下来，放在长条凳子上，由一名艺人用钥匙打开箱子上的铁锁。这时，年首手持神伞，一边转动伞柄使飘带张开并做上举下收式的接引动作，一边呼喊“迎神下架词”（傩文献里谓之“喊断”），其词如下：

年首：都来呀！　　　　　众：嗬！

年首：新年上七接神明，　　　　众：嗬！

年首：顶礼躬身品物亨，　　　　众：嗬！

年首：庆贺良辰佳节景呐，　　　众：嗬！

年首：名成利就万年春喽。　　　众：嗬！

一段词喊完之后，鞭炮大作，乐器奏响。在锣鼓和喊断声中，几个人打开日月箱，在喊断结束时，开始把面具从箱子里取出来，擦拭好，按照固定的位置将面具一一摆放在龙床上。

完毕后，年首再一次喊断，其词为：

年首：都来呀！　　　　　　　　众：嗬！

年首：祖宗传留数百年，　　　　众：嗬！

年首：子孙遵守庆新年，　　　　众：嗬！

年首：日间暂且权息驾，　　　　众：嗬！

年首：夜来灯烛闹喧天。　　　　众：嗬！

待喊断声一结束，锣鼓节奏骤然急促，同时鞭炮炸得更响，年首不停地上下舞动神伞，气氛顿时十分热烈。

最后，日月箱暂时置于龙床之下，龙床周围的布帘放下，五彩神伞靠在龙床右前方放好，摆好供品后，参与仪式的人员开始行礼、祭神，“迎神下架”仪式至此结束。

（二）社坛启圣

“社坛启圣”（亦称“社坛起圣”），是池州傩事活动中最重要的仪式之一。该仪式于正月初七晚上（或正月首次举行傩事活动那一日的晚上）在村中水口、社坛、宗祠之间举行，意在恭敬地邀请各路神圣来村中观看傩戏，以祈求神灵赐福、除灾。此仪式所有傩神会均举行，仪式程序和内容各村基本相同。我们仍以荡里姚傩神会的“社坛启圣”仪式为例剖析，可以窥斑见豹。

荡里姚傩神会“社坛启圣”仪式由六七个村民参与。先是准备祭祀用品，将香、纸马、蜡烛、鞭炮等盛放在一个竹篮中，点燃一个四面有罩的方形灯笼，两个照明用的火把（暂不点燃），在两个有长柄的铁兜子内各放一团布条，浇上油备用。在一阵猛烈的鞭炮声中，接神人员在写有“姚”“傩”字样的灯笼的引领下向村外的社坛出发。该社坛是三面封闭、一面敞开的祭桌形神坛，旁边原有一棵老社树，现只见一棵新植的小树，社坛两侧分别写有两行字：“傩神在此启圣，社坛大显威灵”。众人到达社坛前面，半圈围住社坛站定，一人蹲身在社坛下面点燃两支红烛，年首手持五色伞站在后面，另一人点燃纸马并引燃火把，其他人焚香、燃放鞭炮，持香向社坛三鞠躬，一人开始念诵“接神词”：

> 伏以，爆竹除旧，桃符更新，正迎神赛会之日，请神下界之期，至临圣会神期，姚街阖门人等，老者敬立于前，少者世守于后，望在于社令之上，迎接二十四位嚎啕神圣，驾临祠堂之中，播演戏文，伏乞诸神，来降来临，谨此上申，不敢多读。

念毕，喊断：都来呀！众人呼应：嗬！

念“接神词”时，年首不时上下舞动神伞，似作迎接状。众人“嗬”字音还未落，锣声骤然敲响，在夜空中响彻四方。同时，接神人转身返回，人们在灯笼、火把的引领下，快步返回祠堂，在接近祠堂时，人们一起大声呐喊。此时，早已等候在祠堂门口的村人点燃鞭炮、焰火，烟花之中，接神的人一边齐声喊叫，一边快步跑入祠堂。此刻，祠堂里早已是灯火通明，大红灯笼高高挂起，正对着大门的供桌前，点燃着一排粗大的红蜡烛，桌前的地上摆有一个供人跪拜的垫子，人们在火盆前点燃香、纸马，迎接神灵驾临。至此，“社坛启圣”仪式结束，整个过程庄重而又热烈。

（三）请阳神

“请阳神”，是指族人虔诚向阳神①发出邀请的仪式，也称“投词”“投文”，该仪式一般在“社坛启圣”仪式结束之后接续进行，通常是在傍晚时分举行。其时，鞭炮、锣鼓声不绝，献供者依次斟酒祭拜傩神，献供后各户男丁和儿童皆捧香一支，面向祠堂大门而跪，族长或会首开始念“请阳神词”，每当念到“一心拜请”时，众人便向空叩拜作揖。所请之阳神是沿着现池州市江边至本村一路上的山川、桥梁、庙宇、社坛、土地之神，以及各门技艺之神，有的村落还请戏中角色之神。待“请阳神词”念毕，各户立即撤供，该仪式遂告结束。

①民间延请道士或和尚举行法事，根据法事的性质分为阳坛、阴坛两类。阳神，即阳坛诸神，包括释道之神，姜子牙、申公豹、唐三藏、孙悟空等古典小说里的神圣。阴坛则为地藏王菩萨等地府诸神。阴坛诸神不在“请阳神”仪式迎请之列。

殷村姚傩神会“请阳神”

池州各族傩神会“请阳神”的仪式基本相同，举行的时间大多在傍晚时分。如茶溪汪傩神会在其傩事活动第一天的薄暮时分举行“请阳神”仪式，在“社坛启圣”仪式结束后，接神队伍迅速原路返回，跑步进入祠堂。其时，鞭炮声大作，祠堂内族人肃立相迎，在献供后，年首或族长恭读“请阳神词”，词云：

□□□①，江南池州府贵池开元乡，元二保茶溪大社，将军殿社公社母之神，嗦啕戏会耍戏敬神。三皇五帝，文孝昭明圣帝，五显灵官大帝，霞官上大菩萨妙极如来，千金小姐银花小娘，伽蓝土地之神，和合利市仙官，康庐二大将军，正乙龙虎玄坛赵大元帅，二郎大神，下坛五猖军马，青苗会上五谷丰登，田公地母，山神土地之神。表明不尽，普请来临。备有茶酒开壶上献；一献、二献、三献，献以毕，理不再斟。酒前不说，酒后通知。每年正月上七，信士弟子，汪氏合门人等，迎请嗦啕戏会耍戏龙神，铁板桥上二十四位老郎师傅。汪氏门中，全仗众位神祇阴中保佑，暗里扶持，男臻百福，女纳千祥。一年十二月，月月保

① 原为“大清国”，现均改为“中华人民共和国”。

平安，一日十二时，时时多吉庆。神圣总明，不敢多言再奏。来有香烟奉请，去有纸锞钱财。登坛用凭火化，钱财虽少，火化成多。多则多分，少则少漂。汪氏门中迎请众位神祇，有车驾车，无车驾马，驾雾腾云，普请来临。都来爆竹三声响，请神上马来。

但也有少数傩村做法略有差异，我们以贵池区墩上街道山湖村傩神会为例进行分析。因该村傩神会是由唐、王、项三姓组成，首场傩事活动是在正月十四上午开始，故山湖村傩神会的“请阳神”仪式便在该日早饭后举行，以土铳声为号，所有人家男丁和执事、装扮人员均集中于神堂（现在队屋），四名踩地马的童子先向供奉的面具朝拜，然后是四名踩高跷马的青年向傩神礼拜。拜毕，四童子呈一字排列于神案前或者神堂门外，由执事人为他们穿上铠甲，戴上头盔，三人戴大额子，一人戴凤冠。待一切就绪，鸣炮、放铳、烧香纸，所有男丁手拈香向面具跪拜，会首朗读“请阳神词”，词云：

神通浩浩，圣德昭昭，凡有祈祷，必蒙感应。有劳今年、今月、今日、今时……虔诚敬香，一心拜请：天元天官，地元地官，水元水官，三元三品三官大帝，昊昊天尊，圣德地君，列列阳间众神……本境当方土地、和合神仙、插花娘娘、戏舞郎君、九天圣母娘娘。一心拜请：中一、中二、中三之神，末东末西，里拉外拦儿郎，呼风唤雨儿郎，筛锣打鼓（儿郎），上不属天五猖，下不属地五猖，东方红旗五猖、南方赤旗五猖、西方青旗五猖、北方黑旗五猖、中央黄旗五猖，五五二十五猖，六六三十六猖。池州府府主城隍，贵池县县主城隍，大通庙水府龙王，上至源流，下至水口，沿江一十九庙之神，九江都督大元帅，徐大将军、梓潼帝君，一圣二圣，草野之圣，一郎二郎，草野之郎。左家桥桥梁之神，月头镇水府龙王，中官坛伽蓝土地。香花满足，列位高尊，请神到此，从此敬香，一心拜请：保佑唐氏门中男臻百福，女纳千祥，老者康健，少者关煞消除。再保读书者毕业高升，荣宗耀祖，增辉门庭。再保种田者斗子下土，万担归仓，苗无白穗，谷似黄金，天灾地祸，远去他方，蝗虫鼠耗尽皆埋藏。再保鸟毛六畜，低头吃水，抬头长膘，日长千斤，夜长万两，早放湖泊，夜归栏圈，不得患病，决不生灾。来有香烟，去有纸钱，一心拜请……

“请阳神词”读完，众人起身，仪式结束。

（四）请三官

“请三官”，即恭请“天官、地官、水官”的仪式。三官是道教之神，天官赐福，地官赦罪，水官解厄，三官同为监察人间善恶之神，负责将人间善恶定期上奏玉帝，作为玉帝实施赏罚的依据，因而池州民间多信奉三官。三官在各族傩村的“请阳神词”里也在被迎请之列，但单独作为一种傩祭仪式，仅在姚村大社傩神会保留。该仪式于正月初七晚上七时左右在祠堂举行，一般被安排在“请阳神”之后，形式与“请阳神”相同，只是增加了一段“请三官词”，词曰：

伏以，神通浩浩，圣德昭昭，谨运真香，虔诚拜：拜请太上三元三品三官大帝，家奉长生香火，满堂列位高尊。请神安位，茶酒开壶上献：茶酒初献，亚献，三献。三献已毕，理不再斟。今有口词，谨当宣读：今据□□□江南池州府贵池县开元乡元二保姚村大社居住奉神信士弟子□□合门人等，照依常规迎请太上三元三品三官大帝监看戏文，自监看以后，祈保家门清吉，人口平安，男臻百福，女纳千祥，老者精神康泰，少者寿命延长，孩童种天花麻痘稀稀朗朗，个个均匀隐薄过，关煞消除。再保弟子耕种田地山场，春来一粒下地，秋来万担归仓，红花大熟，百倍全收。再保弟子读书者小考场场得胜，大考金榜标名，求官及第，告老还乡。再保弟子出外营谋生意，开张铺事，一钱为本，万钱为利，空手出去，满载回归。再保子在家应当门户，大事则散，小事则休，官非口舌，淡散消除。再保弟子看养六畜，成群长旺，长旺成群，豺狼虎豹，狐狸毛狗，远去他方。再保弟子下红莲火烛，高来高过，满天飞散，低来低过，就地埋藏。凡百事等，总赖神阴中保佑，暗地扶持。神圣总明，不敢多言再奏。来有香烟奉请，去有纸锞钱财。钱财虽少，火化成多。多则多分，少则少漂。请安神位。今夜监看戏文，敢不奉送。

至此，锣鼓响起，仪式结束。

（五）献供

“献供”，即向神灵和祖先敬献供品，一般与“请阳神”仪式相伴进行。村中鸣锣三遍为号（也有的鸣铳），第三遍锣响后，各户齐捧早已准备好的三牲盘，献于面具神案前的长条桌上。三牲即一刀肉（或猪头尾）、一尾鱼、一只公鸡，均为未经烹煮的，上面覆盖一张红纸或有“福”“寿”等吉祥文字和图案的彩色剪纸，其中公鸡以上一年腊月初一或十五宰杀为上，褪毛时留颈、尾、翅几根长羽，盘成凤形。此外，还有酒一壶（瓶），茶一盏，以及大米、鸡蛋、鲜肉，有的人家还在供盘中放一把刀；如系吃斋人家，也供糯米粑、发糕、金针（黄花菜）、木耳、香菇等。此际，满堂香烟缭绕，鞭炮声不断，在锣鼓声中，献供者依次斟酒、礼拜。“献供”后，各户男丁和儿童各捧香一支，面向祠堂或会场大门，开始“请阳神”，直到长长的“请阳神簿”文念毕，各户立即撤供。

该仪式所有傩村均有，且各具特色。我们选择两个具有代表性的“献供”仪式介绍如下：

其一，源溪曹“献供”。正月十三早晨天启亮时在村中队屋（历史上各族一般在祠堂举办，因曹姓祠堂被毁，便在集体时期遗留的队屋里举办）里举行“献供”仪式，村中各户陆续手捧三牲供盘等，来到香案前献供，焚烧香、纸马，燃放鞭炮，并虔诚跪拜。供品有的是晒干的公鸡、干鲤鱼、豆腐、米粑12个（阴历闰月即13个），有的是当早杀的鲜鸡公、鲜鲤鱼，有的是发糕，有的是黏米糍粑，有的是米粉做的糖心粑、实心粑，有的是现代麻饼，有的是苹果、香蕉等水果，还有茶、酒等。

上午的“献供”络绎不绝，各户也不争先，但下午撤供时则争先恐后，因为在源溪曹有一种说法，抢先将供盘撤走跑出大门者，当年大吉大利。

源溪曹"献供"贡品

其二，山湖村“献供”。正月十三晚上在村中队屋里举行“献供”仪式，其原因也是祠堂被毁，移于集体公屋举办。该村傩神会由唐、王、项三姓共同组建，轮流当值；“请神”“献供”时，当年轮值之族敲锣打鼓，长辈及执事人员再次打开面具柜，将面具按规定的次序供上神案。村中各户闻铳声后，手捧三牲盘及酒茶向神献供礼拜，许愿还愿的人家也纷纷前来烧香跪拜。上年生育子女的人家，端着盛红鸡蛋的蓝花碗呈献于神案前，并向面具献上六尺红布（或绸）、六尺绿布、一瓶酒、鞭炮一千响、一副香、纸马，其中红鸡蛋的数目，生儿献八个，生女献四个。有的人家还献一刀肉，重约二三斤，后归傩神会的执事人员分享。

（六）移驾

“移驾”，是指同社共一堂面具的各自然村，每年按事先排定的日期轮流迎接面具回村的过程。如果是几个村落共用一堂面具，当年正月十五晚上最后演出的村庄，便负责保管面具一年，称“坐堂”或“坐殿”，来年也由这个村庄“迎神下架”。“迎神下架”仪式完成后，将面具箱关好，供奉香火，等候今年首演的村庄来“迎神起驾”。现存此仪式的村庄有刘姓各村和南边姚各村。

刘姓傩神社"移驾"

"移架"时的迎神场面十分隆重，搬演傩戏的村庄老少几乎全部出动，儿童组成彩旗队，有帅字旗、开道旗、蜈蚣旗、五色旗、飞虎旗和各色彩旗，还有开道锣、细乐队、斧钺、瓜锤、肃静牌、回避牌、高灯、低灯、罗伞，簇拥着面具箱（或龙亭）和五色伞，浩浩荡荡，一路铳炮声不断。两村在交接面具时，众人齐向面具箱揖拜行礼，长辈们相互寒暄致意，以示和睦吉祥。

去年"坐堂"的村庄，也要敲锣打鼓、鸣炮放铳，将面具箱从本村祠堂送至村口或另一村祠堂，以表示对傩事的虔诚和对傩神的尊重，同时，通过这一仪式，不仅有效分摊了活动成本，而且增强了同族同社的集体荣誉感和凝聚力。

二、娱神仪式

从广义的角度来看，娱神仪式包括傩舞、傩戏在内的整个傩事活动。从狭义的角度来看，娱神仪式专指傩事活动中的一些程序性社祭或祈福仪式。此处的娱神仪式是从狭义角度来看的，具体仪式如下：

(一)銮驾游村

“銮驾游村”，又称“游案”，是我国古代“社祭”及“沿门逐疫”仪式在池州民间的遗存，也是昭明文化现象之一。现存此仪式的村庄有西华姚、峡川柯、东山吴、荡里姚等。各村“銮驾游村”的形式和内容基本相同，只是队伍规模不同而已。

贵池是昭明太子萧统生前的封邑，他曾放粮救灾，贵池人感其恩德，尊奉其为“土主”，即“社神”，当地民间称其为“案菩萨”。每到祭祀昭明太子的傩事活动时，贵池乡间各村各社都蜂拥至西庙[①]请神，但昭明太子神像只有一个，抢夺的场面自然避免不了，为了使各村各社都能请到神，后来各村社通过协商，想出办法，将供奉昭明太子神龛前的香案分割成七十二块，由各村各社分别带回去，雕成昭明太子神像设案供奉，故贵池有“七十二案”之说。昭明从此便有了“案菩萨”之名，又尊称“文孝案菩萨”。峡川柯“春社”和“秋社”游案所供奉、迎请、祭祀的就是昭明太子这位“社神”。峡川柯也成了目前贵池唯一保留“春秋两社”游案酬神（昭明太子）古俗的傩村。下面，我们详细介绍一下峡川柯和荡里姚的“銮驾游村”仪式。

其一，峡川柯“銮驾游村”。每年正月初七、十五和农历九月二十，峡川柯傩神会分别举行声势浩大的春祭、秋祭“游案”活动：由一人扮作小皇子捧着“案菩萨”神像，在太子伞的罩护下走在最前面，众人抬着朱漆描金、富丽堂皇的龙亭紧跟其后，龙亭中间供奉着“文孝昭明圣帝”的牌位，后面簇拥着高举木牌、兵器、彩旗、锣鼓等器乐的全套“銮驾”队伍，经过全村各家各户门口，神情肃穆地走进燃香摆供的农家庭院。

“案菩萨”在村民们虔诚目光的注视下，被端放在香案前接受拜祭。各户在自家门口或堂中摆放丰盛的果点迎接“案菩萨”，“銮驾”来去时皆燃放鞭炮和焰火以示喜庆和恭敬。

---

① 西庙，即昭明太子庙，又称文孝庙。位于贵池城西4里处，唐时始建。

其二，荡里姚“銮驾游村”。荡里姚“游案”有些独特，因为这一仪式穿插在正月十五上午的朝青山庙活动中。当日上午九时左右，村中再次鸣锣，催促集合，各项准备工作就绪后，龙亭（装有面具的“神轿”）被抬出祠堂，到社坛举行简短仪式后，队伍出村口向青山庙方向出发，途经路边左侧一个叫黄村的小村庄时停下，众人抬龙亭进村，挨家挨户舞伞、喊断。黄村每户人家在门口或家中摆好烛台、祭品，放鞭行礼，迎接龙亭，有的人家还会包红包，赠烟、酒、被面以示酬谢，“銮驾”在村中所有人家“游案”之后，队伍继续前往青山庙朝拜。

朝庙仪式结束后，荡里姚的“銮驾”回程路过黄村时，再次继续“銮驾游村”，仪式如前，游毕回到荡里姚村口，进村时各家燃放鞭炮迎接。龙亭出行时，途经的人家自觉点燃用稻草扎成的草把，熄灭明火，使其冒烟，以熏除秽气。

（二）昭明会

“昭明会”，是秋社日在池州城西昭明太子总祠西庙举行的迎神、祭祀活动。目前这一傩祭活动已不复存在，我们根据文献记载描述如下：

据《杏花村志》所收《池州昭明会记》介绍：“是日，诸家扮会迎神者，所扮为关壮缪，为城隍，为七圣二郎，为玄坛。其扮也，则各骑乘奉面具，或于东门之桥，或于南门之狮子口，盛妆饰仪从。惟七圣则用机械引刀穿颈贯腹，而各以旗旄鼓吹导之，步梁昭明辇于西门外杏花村之马站坡。而骑乘以还，游于通市，或及郡县之公堂。薄莫（暮）而毕，脱面具以交于明年之扮者……。池口所扮以（八月）十二日集于郡，以十五日游于池口。是日举市欲狂。”[①]

据上述材料可知，每年从农历八月十二日起至十五日，州官和县官都要身着官服去西门外的昭明祠（西庙）迎神。其时，四乡傩神队扮演着关公、城隍、七圣、二郎神和玄坛等各种角色，佩戴面具，骑马等候在南门和东

①〔清〕郎遂：《杏花村志》卷九《池州迎昭明会记》，黄山书社2015年点校版，第180页。

门，各队旌旗仪仗十分壮观，其中装扮七圣角色者表演着刀贯颈腹的杂技，在鼓乐声中，旗帜招展地簇拥着州官、县官于杏花村的马站坡迎接昭明太子的座辇而还。

农历八月十三日迎接“文孝菩萨”（昭明太子）进城巡游，场面既隆重又热闹。是日，城乡各傩神队伍盛装出行，旗锣鼓伞一应俱全，全副“銮驾”耀眼夺目，跟随在有十六个“校卫”抬的“昭明文孝帝”的“龙轿”后面，巡游街巷各处和州县官衙，直至傍晚才结束。池口位于州城之北秋浦河入江口，历史上是水陆隘口，商贾云集，店铺林立，八月十五日在池口组织昭明太子神像巡游活动时，场面十分壮观。

据考证，祭祀昭明太子以南宋时期最为隆重。祭祀伴以歌舞，如同南宋盛行的伎艺，如舞二郎神、七圣刀等，已成为昭明会上的队舞并保存在池州傩戏中。如今，七圣刀在池州傩事活动中业已失传，可能因为它是一种杂技且难度较大，而舞二郎神在傩乡的一些宗族村落中仍有保存。城内的秋社傩祭活动直到清代咸同兵燹后才不再举行，但峡川柯至今依然保留这一传统，只不过规模比先前城里的昭明会要小得多，程式也更简单些。

（三）朝社

“朝社”，是指依地缘关系、亲缘关系或行政关系的数个家族傩神会联合举办的祭祀土地的傩俗和仪式，有的兼有“社坛启圣”之意。

现存的有梅街镇（原刘街乡）源溪村曹、金、柯三姓正月十三的“朝社”（亦称“朝社树”，包含“送、抢灯伞”“朝仙姑洞”）和墩上街道（原茅坦乡）山湖村唐、王、项三姓正月十四的“朝社”（包含“出圣”“踩马”“献马杯”“落圣”）以及梅街镇（原刘街乡）姚、汪、刘诸姓正月十五的青山庙会。现分别介绍如下：

1.源溪村曹、金、柯三姓正月十三的“朝社”

正月十三是源溪村曹、金、柯三姓共同“朝社”的日子。三个宗族共用同一水系，田亩相连，在生活和生产方面和睦相处，所以祖辈选定了共同的社坛、社日。社树在金姓村落外的大路旁，是双树合株的连理树，一为枫，一为榆。因为奇，该连理树被视为三族共同的社树，社树下置一石臼为社石。届时三村请神的队伍相继出动，这一遗风自明代相传至今。

梅街镇源溪村曹、金、柯三姓正月十三“朝社”

源溪村的“朝社”是按柯姓、金姓、曹姓的顺序进行，彼此互不见面。当天中午，在徐村柯姓进行“朝社”仪式时，源溪曹姓的会首立即通知司锣三人鸣头遍锣，各户开始吃中午点心。第二遍锣响，各户男丁及儿童均到位，将彩旗、锣伞等集中在祠堂（今队屋）门前的晒场上。各执事人及需要装扮的二十四位男丁在祠堂开始装扮，装扮时，先穿戏衣，扎头巾，向傩神揖拜后戴面具，装扮停当后，待源溪金姓“朝社”铳响停止，即鸣第三遍锣，通知队伍启动和各户准备迎神。于是，司铳四人轮流放铳，鞭炮大作，队伍开始沿着古老的路线踩村。队伍中有开道锣一只，彩旗若干，队伍最前面是绣着黄色“缟溪”[①]“傩戏”等字的两面会旗，举旗者皆为童男童女，后面跟随的是装扮的二十四位傩神：土地、和仙、社公、合仙、皇帝、包公、大娘、关公、老和尚、范杞良、吉婆、张龙、赵虎、大回、二回、三回、小回……之后是灯伞，再后是锣鼓队、细乐队、童子彩旗队。路经村民家门口时，村民皆烧草把，鸣鞭炮迎接。

① 缟溪是源溪的旧称。

源溪曹的“朝社”更富有祭祀土地的内涵。其礼神的仪式与柯、金二姓大致相同，所不同的是，徐村柯在“朝社”的途中，须到姚村后的古洞——“仙姑洞”前举行祭祀活动，这是一个山洞，洞形如女阴，常年有活水从洞中流出，象征女性的生殖活力。然后到社树前烧香、揖拜，最后队伍绕社树走一圈，“朝社”即告结束。待徐村柯的队伍离开后，源溪金的“朝社”队伍来到社树前，烧香、礼拜后，由戴千里眼面具者与戴顺风耳面具者相向对舞，之后离开。源溪曹的“朝社”队伍最后来到社树前，表演傩舞《舞伞钱》，由戴天帝面具者和戴土地面具者相向对舞。天帝执伞，土地执古老钱。关于“伞”的舞势有举、旋、扛、提、送等，关于“钱”的舞势有捧、旋、举等。天帝不时以伞端指向土地手中旋转着的钱孔，这是摹拟天地相交的古老巫舞《天地交泰》，表达了繁衍生存的愿望。每当天帝出场时，爆竹放得格外热烈。舞动时，伴以高声喊断：

古老钱来古老钱，里面方来外面圆。高山不见前山雨，风调雨顺国泰民安。

古老钱，古老钱，带在腰间十八年。今日庙堂舞三转，官非口舌尽消灭。

伞儿圆圆，人喜神欢，家门清吉，人口平安。……

对舞之后，戴土地面具者退后歇息，由戴天帝面具者独舞，单手执伞迅速变换步态和方位舞动，越舞越快，锣鼓随之急速敲响，此时“朝社”仪式达到高潮。

三段舞毕，铳炮齐鸣，香首及各长辈向社树叩拜，撤供，众人按照原队形原路线回村，朝社结束。

2.墩上街道山湖村唐、王、项三姓正月十四的“朝社”

墩上街道山湖村唐、王、项三姓正月十四“朝社”

山湖村唐、王、项三姓的“朝社”仪式主要是“踩马”。踩马者由四名12～14岁的男孩担任，用于请神和“出圣”。

首先是请神。请神在神堂（过去在祠堂，后祠堂被侵华日军烧毁，唐姓改在生产队的队屋，王、项二姓则集资修了一间小屋）举行。与其他村落不同的是，山湖村将面具之神一一传递陈列于龙床①时，四名少年皆身着战袍，腰间扎竹马②，排一字形横队面向神案站立。然后由执事人念“请神词”。“请神词”念毕，四名少年向面具叩拜行礼。

礼毕，由执事长者替他们戴上面具，开始“踩马”，称踩“启圣马”。“启圣马”要跳完“踩马”的全部动作。之后，便是“出圣”，形成以旗锣鼓伞为先导，后面是吹奏乐、彩旗、面具箱、狮子箱和少年四人的地马队。少年穿武将服（软靠，戏曲中武将穿的服装），腰间扎竹马。

按约定俗成的规矩，唐、王两姓“出圣”必须沿一定路线绕行一圈，两姓绕行的方向相反，合起来形成一个祭祀圈，其直径约五公里。一路经过牛冲、垅南、前冲、后冲、唐家祠堂旧址、新屋唐、石山湖、许家岔等地，每

① 龙床是由竹篾编制而成的团箕，上面写了各面具的名称。

② 竹马是用竹篾编成椭圆形的无底筐为马身，再将扎好的马头捆扎于筐的一侧，根据马的颜色糊以色纸（如今多用绒布），如关索骑红马则糊红纸，鲍三娘骑白马则糊白纸，等等。

至社坛、水口、土地庙、五猖庙、祠堂旧址及其他庙宇时，四名少年都要戴上面具，踩一次地马，但不用做完全部动作。踩地马有“发令”（舞令旗）“遛马”“交战”等动作，表现了古代战将的风采。

队伍最后来到两村之间小丘岭的一片空地。这里原是一座庙基，被视为祭祀圈内各村共同的社坛。小丘上有一枯树①，被视为社树。社树下摆一方桌，方桌上摆放着祭拜土地的三牲供品。在锣鼓、鞭炮声中，先是四名少年在社树前“踩马”，接着戴其他面具者表演《舞土地》等傩舞，并伴有舞狮。所有内容完成，朝社即告结束。

3.梅街镇姚、汪、刘诸姓正月十五的青山庙会

青山庙，坐落于梅街镇境内，始建于元代大德七年（1303），是姚姓迁贵池后第十一世祖祖一公捐资建立。元至正年间，汪姓开迁公续建，明正德年间姚村姚本宪又捐资重建。后遭兵燹，清康熙年间，姚、汪、刘等宗族再次合力重建，最后一次修葺是民国三十五年（1946）。此庙原有三座大殿，总体规模宏大，华丽壮观。青山庙为昭明太子祠支祠，中殿内供有梁昭明太子萧统的牌位，20世纪五六十年代遭到损毁，成了一片废墟。近年，废墟上修建了一座简易庙宇，供奉佛教诸神，有僧人主持。

这里的朝庙历史已有三百余年，俗称“青山庙会”。每年由附近的九个社联合举办，即姚姓五社半，汪姓一社，刘姓一社，戴姓一社，宋村半社。据清光绪三年（1877）重修《姚氏宗谱》记载：“元宵清晨，更以卤簿导神至青山庙文孝祠，俗谓之‘朝庙’。此俗南边、西华、姚村皆同，惟姚村附近，先到后归，相传为尽地主之谊云。耆老言，古时朝庙，仪仗外，有秋千、抬阁、高跷诸胜。又选俊童十余人，着梨园服，扮故事，立人肩窝上，名曰‘站肩’，其壮丽繁华与江浙等省赛会无异。”②傩乡古谚：“南边的旗，荡里的伞，刘锣戴铳汪夹板，山里山外干呐喊，黄家只有踮脚板，郑家伸头

① 如今，枯树旁生长出一棵小树。

② 贵池《姚氏宗谱》卷首《信仰篇》，清光绪三年（1877）重修刻本。

探一探，汪家骂他好大胆。”[①]道出了各傩神会的特点及朝庙之盛况。

梅街镇刘、姚、汪诸姓正月十五朝拜青山庙会

青山庙会随20世纪50年代傩戏停演而中辍。1983年后，傩戏复演后，青山庙会也随之恢复。每年农历正月十五上午，依照祖传惯例，各族姓傩神会朝拜青山庙按顺序进行，因青山庙址坐落于姚村境内，山里姚与山外姚首先朝拜青山庙，称“开（庙）门”；接着依次是茶溪汪、南山刘、南边姚、西华姚；结束时，荡里姚最后离开，称“关（庙）门”。各傩神会都抬着放有面具的龙亭朝庙，仪仗有彩旗队、锣鼓队、细乐队，队伍前有开道锣、肃静牌、回避牌及刀、枪、戟、锤、矛等兵器模型。走在最前面的香首手执神伞，健步来到庙前的空旷地，一边高喊“朝庙舞伞断”，一边用力舞动神伞。所有的队伍井然有序，鱼贯入场。当六个傩神会全部进场后，众人在龙亭前燃香、揖拜，并互致新春祝福。此时，观者如潮，旗伞遮天；铳炮齐鸣，声震山谷；烟雾漫坡，香溢旷野。朝庙的人群沉醉在敬神祀祖、祈福纳吉的狂欢里。

① 贵池戏曲志编辑室:《贵池戏曲史料集》(内部资料),1989年编印,池州学院图书馆藏本,第163页。

青山庙会朝庙仪仗队伍

各社傩神会朝庙过程中，均有精彩的喊断，我们以荡里姚傩神会朝青山庙为例作一探视。正月十五上午八时，三声铳响后，荡里姚傩神会朝庙仪仗队伍沿着小道步行至近五公里处的青山庙（现今公路修通，朝庙仪仗队伍搭载货车前往）。落好龙亭，年首在龙亭前摆好三牲盘，焚香烧纸，三叩首后手持神伞，开始喊断，众人应和。喊断共五段，每喊一句，神伞上下各抖动一次。

第一段内容为：

年首：都来呀！　　众：嗬！

年首：一进庙来亮堂堂，　　众：嗬！

年首：香烟满庙接霞光，　　众：嗬！

年首：二郎菩萨俱会安，　　众：嗬！

年首：喜送寒阳大吉昌。　　众：嗬！

第二段内容为：

年首：都来呀！　　众：嗬！

年首：二进庙门便是厅，　　众：嗬！

年首：雕梁画栋点红灯，　　众：嗬！

年首：珍珠帘里佳人看，　　众：嗬！

年首：看我舞来百事亨。　　众：嗬！

第三段内容为：

年首：都来呀！　　众：嗬！

年首：三进庙门气象新，　　众：嗬！

年首：衣冠整整共迎神，　　众：嗬！

年首：九社香烟齐敬立，　　众：嗬！

年首：五谷丰登乐太平。　　众：嗬！

第四段内容为：

年首：都来呀！　　众：嗬！

年首：伞儿舞得大团圆，　　众：嗬！

年首：神喜人欢又一年，　　众：嗬！

年首：迎来弟子多齐肃，　　众：嗬！

年首：送往各社更诚虔。　　众：嗬！

第五段内容为：

年首：都来呀！　　众：嗬！

年首：汝等香炉齐侍奉，　　众：嗬！

年首：神明赐彼福无边，　　众：嗬！

年首：今朝暂且回宫殿，　　众：嗬！

年首：来春又到庙堂前。　　众：嗬！

在喊断的同时，宗族其他成员有的燃放鞭炮，有的焚烧纸钱，有的跪地叩首。各宗族成员还在这里相互拜年、寒暄。

朝拜青山庙结束后，举行龙亭回銮落圣仪式，仪仗队伍按原路返回祠堂，落好龙亭。摆放三牲盘，上香、烧纸，年首喊断，众人应和。喊断共三段，第一段内容为：

年首：都来呀！　　众：嗬！

年首:旗锣铳伞闹喧天，　　众:嗬!
年首:九社齐会各争先，　　众:嗬!
年首:今日回銮归圣位，　　众:嗬!
年首:喜游花日乐尧天。　　众:嗬!

第二段内容为:

年首:都来呀!　　众:嗬!
年首:伞儿来得这等迟，　　众:嗬!
年首:洛阳桥上耍多时，　　众:嗬!
年首:日间暂且权息驾，　　众:嗬!
年首:夜来灯烛闹喧天。　　众:嗬!

第三段内容为:

年首:都来呀!　　众:嗬!
年首:伞儿舞得大团圆，　　众:嗬!
年首:锣鼓声喧接九天，　　众:嗬!
年首:汝等香烟齐侍奉，　　众:嗬!
年首:神明赐汝福无边。　　众:嗬!

喊断完毕，众人按原位摆放好回避牌、傩神大会牌、肃静牌、神伞、万民伞、二十四孝伞、黄龙伞和十八般兵器等。至此，该族朝拜青山庙会结束，接下来就是准备晚上的傩戏表演活动了。

4.关公斩妖

“关公斩妖”又名“圣帝登殿”（殷村姚、荡里姚、奄门刘）、“煞关”（源溪曹）、“关公舞大刀”（邱村柯）、“赶刚”（清溪张村汪）。现今保留该仪式的傩村较多，形式各村虽有差异，但内容都是请关羽的神灵前来驱邪捉妖。该仪式一般都放在当晚傩戏演出的最后阶段举行，行傩逐疫是其典型特征。我们选取三个比较有代表性的傩村“关公斩妖”仪式作介绍，可以较深入地了解该仪式的神秘。

其一，殷村姚“圣帝登殿”。殷村姚的“圣帝登殿”，扮演关羽者身穿绿袍，戴红色面具，率扮演关平者、扮演周仓者上场，站在后方的桌上，表示这位“圣帝”登临巡视。继之，由舞财神和舞古老钱的演员出场，扮演财神赵公明者手执钢鞭，挥打四方；舞古老钱者则换为矮步行走，左手的古老钱恰似一枚盾牌，右手增加一把单刀。很明显，两位舞者的出场，目的是逐疫。因为赵公明被道教封为元帅，他不仅能为民间的信奉者招财进宝，还能为他们驱邪逐疫。二人舞罢，站立于关羽麾下。此时，关羽开始自报来意：

> 今日三阳开泰运，时逢佳节吉元宵。嚎啕神圣耍今朝，预保南姚真吉兆。（白）俺，乃汉祚（寿）亭侯关云长圣是也。今当降临于此，特命周将上前，驱邪逐疫，赐福降祥。

这里的逐疫是由关公命其部属周仓舞大刀，杀四方。当扮演周仓者舞至高潮时，会有两名族中壮年上台将其扶住，这是因为担心扮演者不支神力而虚脱。

其二，奄门刘“圣帝登殿”。奄门刘的“圣帝登殿”，由逐疫与戏曲结合，该仪式描述的是关羽率关平、周仓登场，忽接玉帝圣旨，册封关羽为“伏魔大帝”，命其降妖护民，于是关羽便命其部属周仓舞大刀降妖。周仓舞大刀是从舞台上走到祠堂的天井，在天井的四角，四位村民点燃早已准备好的四支火炬，执事人燃放鞭炮，周仓开始舞大刀。舞大刀有传统的套路，根据表演者的功夫而定。舞至最后，两名执事人上前搀扶舞者，如同殷村姚，因为担心扮演者一直舞下去直至精疲力尽而倒地昏睡。

其三，荡里姚“圣帝登殿”。荡里姚傩仪“圣帝登殿”最为隆重，先在舞台后部中央的桌子上摆一把太师椅，两侧再各摆一张长凳。舞台右前方台沿上放一枚用红布严密包裹着的“余娘子”面具。在急促的锣鼓声中，演员出场，周仓在前，关平在后，待二人在长凳上站定后，关公出场，脚步稳健，径直登上桌子，在太师椅上高高坐定。此时年首喊断，众人应和之后，关公告白。

年首:都来呀!　　　　众:嗬!

年首:吾观姚街气象新,　　　　众:嗬!

年首:衣冠整整共迎神,　　　　众:嗬!

年首:满村吉庆从天降,　　　　众:嗬!

年首:福寿康宁乐太平。　　　　众:嗬!

(关白)本爵大汉汉寿亭侯是也,今乃新正上七,云头观见姚街村中香烟已久,灯烛辉煌,周将!(周白)有!(关白)汝可向前驱邪逐疫共享清平。(周白)得令!

此际，急促的锣鼓声响起，周仓从凳子上下来，右手提刀，左手掌竖在胸前，大步圆场两圈后，至舞台左后方向，虚砍三下，每一刀砍下，均有锣声配合。然后，经圆场过渡，分别在舞台右后、右前、左前重复砍杀动作。四方砍杀完毕，至舞台中央，舞刀花，锣鼓声渐快催促，同时众人“殴——殴——殴”呐喊助威。快舞一段后，圆场至桌前站立，年首再喊断，众人应和：

年首:都来呀!　　　　众:嗬!

年首:关公生得面面红,　　　　众:嗬!

年首:三牙美髯白松松,　　　　众:嗬!

年首:胜如君王龙虎斗,　　　　众:嗬!

年首:当与赵公战一场。　　　　众:嗬!

锣鼓声再起，一戴独角鬼怪面具者入场，右手执钢鞭，左手持古钱模型作盾，周仓持刀追杀，在舞台五个方位砍杀五次，最后砍在鬼怪手中的盾上定型。年首又喊断，众人应和：

年首:都来呀!　　　　众:嗬!

年首:关公春秋重仁义,　　　　众:嗬!

年首:至今仁义赛乾坤,　　　　众:嗬!

年首：手执青龙长又吼，　　　　众：嗬！

年首：黎民永乐太平春。　　　　众：嗬！

喊断结束后，戴独角鬼怪面具者退至场左后方蹲下。此时，另外一个戴双角鬼怪面具者持双刀入场，周仓持刀追杀，在舞台五个方位分别砍杀五次，最后双角鬼怪用双刀架住周仓的大刀定型。年首再喊断，众人应和：

年首：都来呀！　　　　众：嗬！

年首：关公忠义赛乾坤，　　　　众：嗬！

年首：至今赫赫显威灵，　　　　众：嗬！

年首：驱邪逐疫皆吉庆，　　　　众：嗬！

年首：斩尽妖魔鬼怪精。　　　　众：嗬！

年首喊断完毕，双角鬼怪退至与独角鬼怪并排蹲下，锣鼓声再起，周仓舞刀，朝舞台四角方向各砍杀三次，然后在舞台中央站定，舞刀花，鼓声渐快催促，众人“殴——殴——殴”呼喊助威，刀越舞越快，几近癫狂。之后，鼓声停住，周仓放慢舞刀速度，年首再次喊断，众人应和：

年首：都来呀！　　　　众：嗬！

年首：关公生得耍，　　　　众：嗬！

年首：手拿钢刀一把，　　　　众：嗬！

年首：天下妖精都斩尽，　　　　众：嗬！

年首：当把余娘子剁成渣。　　　　众：嗬！

喊断结束后，锣鼓声再起，周仓用刀在余娘子面具上砍杀一下，放下大刀，拿起余娘子面具，跳下舞台。此时，喊声四起，鞭炮声大作，关公、周仓和关云三位神仙一起冲出祠堂，驱送独角鬼怪、双角鬼怪、余娘子，祠堂里所有人都跪地嗑头，恭送神鬼。周仓则径直把余娘子面具送到祠堂前约50米处的水池边放下，在水池边有村人主持烧纸、奠酒等祭祀仪式。至此，“圣帝登殿”仪式结束。

荡里姚傩神会“圣帝登殿”

三、送神仪式

送神仪式是指傩舞演出结束后，各族恭送先前迎请的诸神灵回归的仪式。正月十五夜或十六凌晨，多数傩神会在搬演剧目中大团圆内容的剧情结束后旋即送神。该仪式所有傩村均有，内容和形式略有差异，大多与“圣帝登殿”仪式相结合，其中，南山刘将其与“打[①]社公”仪式连接为一体进行，荡里姚在逐疫送神仪式结束后还有水边送神的独特仪式。

（一）送神

各村的送神仪式略有不同，如：奄门刘最后的逐疫称“圣帝登殿”，关羽在舞台上自表家门后，还接受玉帝的册封，然后命周仓舞大刀驱邪逐疫，周仓下台在天井里舞刀；殷村姚正戏演完后，周仓舞大刀则在台上进行。两村都是不等大刀舞完，就跑步“送神”。而南山刘最后却由社公执鞭打春，祈求这一年风调雨顺、五谷丰登，当社公念完祝愿刘姓风调雨顺、五谷丰登

① 打，即演、扮演之意。

的吉祥词以后，便一面说要回家去，一面向大门外走去，早已准备好送神的人，跟随社公一同去社坛，社公在社坛脱掉戏衣，将面具捧回。

有谚语说“请神容易送神难”，池州各族的傩事活动既要请神福佑一方，又恐众神栈恋不去，反遭其殃，所以对众神要“文请武送”。送神时，祠堂内的执事人员立刻把舞台上纸扎的“亮匾”（近似屏风和“守旧”，有“出将”“入相”匾额）打碎，不给众神留驻留之所。送神时只需五六个人，一人执火把，一人执五色神伞飞奔出门，锣鼓声急骤快敲，紧跟其后，最后一人放鞭炮。对于神灵依附的纸伞，由执伞者或边跑边撕碎，或在祠堂门外烧毁（太和章），或丢弃河中（徐村柯），各村做法不同，但都表示众神的栖息之所已毁。各傩神会送神至社坛后，均念一段“送神社坛断”。兹录几例如下：

山湖唐姓宗族送神词：“□年□月□日，唐氏阖族，跪送仙界。有坛归坛，有庙归庙。无坛无庙，各登龙宫宝殿。”

东山吴宗族送神词：“有劳真香送吾神，送得嚎啕家业兴，田禾六畜多吉庆，一年四季保康宁。”

荡里姚宗族送神词：“伏以神通浩浩，圣德昭昭，姚街村阖门人等，顶礼虔心鞠躬，稽首拜送傩神归天去，祈保弟子永安康，众位诸神齐上马，腾云驾雾上青天，酒礼献毕，钱财化给，弟子稽首望空拜送。”

姚村（山里姚、山外姚）的“送神社坛断”为四句四言诗：“青山隐隐，绿水沉沉，伞儿收去，待等来春。”燃纸放鞭后，众人悄然回归，禁止说话。

（二）水边送神

“水边送神”是荡里姚独有的最后一项傩事，它包含了“放河灯”“送寒衣”“撒豆”等仪式内容。“水边送神”的时间是正月十六早晨，地点在姚氏宗祠和村边的白洋河。当日早晨，由年首持五色伞离开祠堂，另有村民四人，其中一人放鞭炮，一人打锣，一人持土铳，一人拿用塑料袋装的祭祀物品。约八时，五人出发，一路鸣锣、放鞭，沿村中小路朝村外走去，要把

“寒衣”送到村西的白洋河里。到了河心桥面上，先放河灯，把蜡烛放在一个小纸船里点燃，然后放入水中，让它顺水漂流。再把神伞点燃，这就是给孟姜女送去的“寒衣”。同时，对天空放铳三响，放鞭炮，燃烟花，焚香，烧纸马，向河里抛撒黄豆，谓之“撒豆”。仪式结束之后，村民们带着伞架悄然而归，伞架以备再用，返回时要走另一条路回村，回村后直接进入祠堂，简单收拾后锁上祠堂大门。

荡里姚傩神会“送神”

在池州傩戏中，《孟姜女》是一部重要的剧目，大多数有傩事活动的村庄皆演此剧。荡里姚每年正月十五都会搬演此剧，在演出结束后都会有专门为孟姜女举行的“送寒衣”仪式。“送寒衣”仪式主要有两方面的含义：一方面，五色彩纸代替“寒衣”，送给孟姜女、范杞良“御寒”；另一方面，烧掉五色伞让众神离去，使他们不能有所依凭再回村里，以免在村中危害村民。

（三）送神上架

“送神上架”与傩事开始时的“迎神下架”相呼应，指本年度全部傩事活动结束后，将面具（傩神）按规定的位置归位，安放妥当。“送神上架”与“迎神下架”一样，也是各个傩村均有的仪式。

正月十五是傩戏最后一夜演出，在这一夜有演出的村庄，正月十六由执事的长辈，将面具用酒擦拭干净，依固定的摆位放进面具箱或龙亭（各傩神会的《总稿》手抄本上都写有面具入箱的摆式，不得错放）。面具装箱，举行简单的仪式后，即抬上阁楼，拉上幔帐，“送神上架”仪式也就完成了。

“送神上架”后，傩神从当年至次年正月初六，便在这个村“坐堂”，或称“坐殿”。“坐堂”的一年内，有专人管理，如同庙堂的神像。除本村人可以烧香许愿外，也接受外村人烧香许愿，许的愿望如果实现，许愿人便要准备在来年的傩神会上向神还愿，或者向傩神会赠送彩旗、戏衣、罗伞、面具布套、神龛布幔等。

四、傩俗仪式

在池州傩事活动中，存在着一些禁忌性的习俗。如乐舞、戏曲只能由男性演出，戏曲中的女性角色要由男子扮演；除了专门参加活动的人员，其他闲杂人等不能随便触摸面具，妇女更不能接触，过去甚至还有规定，妇女看傩戏不准越过祠堂天井，只能在天井以外的区域观看；在面具面前、在祠堂里面、在傩活动期间，禁止说污秽不净、亵渎神明的言词，也不能说不吉利的话，不许跟已戴上面具的演员谈论无关演出的话语；等等。除了这些禁忌性习俗外，在傩仪式里也伴生一些傩俗仪式，它是各村族在傩事活动中形成的一种习惯性的仪式性行为，反映了傩乡族民的良好愿望。池州傩文化里，这样的傩俗仪式较多，我们仅选择几种典型仪式作一介绍。

(一)送、抢灯伞

源溪曹姓在“朝社”期间会举行“送、抢灯伞”活动，这个习俗一直延续下来，是乡民们希冀“子孙繁衍，人丁兴旺”的祈子古俗。

源溪曹的灯伞，先是以竹片两根，扎成两个直径约三尺的圆圈，再以竹片呈十字形扎于篾圈内侧为骨，两圈相间二或三尺，两圈中间穿一根六尺半竹竿固定，再以红纸沿竹片缠裱，或在伞沿装饰各色剪纸，伞沿拴着红线，上面挂上由红白色竹丝编制而成的小巧玲珑、做工精致的灯笼，一般为二十四只（该村傩面具为二十四枚）。由生育男孩（近年不分男女）的人家向傩神会献赠，送灯伞人家可以在本村或在外村订制，小灯笼一般多为购买。灯笼呈卵形（卵子，又称“子”），在这里象征着得子的预兆。人们对卵的崇拜，有着悠久的历史，“天命玄鸟，降而生商”，是卵崇拜的开端，源溪曹姓将这一古老的卵崇拜习俗保留在其傩事活动中，每年正月十三上午九时左右，上年抢得灯伞上的灯笼并得子的人家开始向傩神献灯伞，由婴儿的父亲或祖父手执灯伞，一群人在锣鼓和唢呐声中，簇拥其来到祠堂献灯伞（现祠堂已毁，改在集体队屋内献灯伞），傩神会人员则在祠堂门口敲锣打鼓、放铳炮欢迎，送灯伞的人家燃放自带的鞭炮以示谢意。灯伞迎进祠堂后，得子之家家长向傩神（面具）叩谢，会首上前致谢接过灯伞，同时鸣鞭，并相互寒暄、祝福。灯伞被摆放在神台两侧，执事人将每盏灯的蜡烛吹灭。由事先安排好的村人敲锣打鼓行五里路，先至曹、金、柯三姓共同的社树前烧香叩谢，再送灯伞至源溪曹傩神会会场，傩神会会派人敲锣打鼓至村口桥边迎接。近年，送灯伞者不必是家族内男丁，嫁出去的女儿得子也照样往娘家送灯伞，甚至邻村、外地一些得子的人家也会于次年举办傩事活动时送来灯伞。

源溪曹傩社“抢灯伞”

抢灯伞活动开始于曹姓傩神会仪仗朝社（庙）过程中。最初灯伞必须在朝社（庙）时抵达大庙，待烧香纸谢神后才能任人争抢，属朝社（庙）的一道程序，但后来也许因为求子者心切或灯伞制作精致，一出集体队屋门就有人跃跃欲试争抢。抢灯伞活动的高潮，是在下午三点左右的朝社（庙）途中，十几把灯伞被人高举着随朝社（庙）的队伍走出村庄，快到村头的社树时，突然一阵骚乱，很多男女青年甚至还有中老年人一哄而上，很快将灯伞抢个精光。抢灯伞时，执伞人不仅不避让，反而很高兴、很配合地放低伞架，任其哄抢，不一会儿就只剩下被人们扯散了的伞架。抢到的人和没抢到的人都嬉笑着、蹦跳着，场面异常欢快、热烈而富有情趣。

（二）献马杯

“献马杯”（亦称“献马子”），就是碗内盛装红鸡蛋，在踩马仪式上向神呈献和索取，以体现生生不息的愿望，它反映了踩马与祈子民俗的融合。现今举行该仪式的有墩上街道（原茅坦乡）山湖村唐、王、项三姓。

山湖村老屋唐“献马杯”

正月十四，山湖“马公”（即“傩神会”）“出圣”的队伍最后来到村边的小丘陵地带，小丘上有一片空场，空场上有一棵枯死的古树，传说这里是一座古庙的基址，也是祭祀圈内各村共同的社坛，枯树是古老的社树。年首在社树下摆一方桌，方桌上摆放着祭拜土地的三牲供品，另外，最令人注目的是一碗碗染红的熟鸡蛋。社树前有一块石板，是陈放香烛的拜台，向社树礼拜后，由四童子开始踩地马，亦称“启圣马”，要踩完全部套数。踩完地马后，队伍返回本村，在神堂前再次踩“落圣马”。此际，上年得子的人家陆续献红鸡蛋，称“献马杯”（当地村民称“蛋”为“杯”）。红蛋按男孩八枚、女孩四枚的数目盛在碗内，供上神案。也许是为了把裸露的内容变得含蓄一些，贵池另有乡村将煮熟的鸡蛋称为“元宝子”，在正月里特意制作给自己和家人食用，也拿来款待客人，兼有祈子和求财意味。

在该日傍晚踩正马时，数名执事长者将供献于神案上的“马杯”放置在木托盘上，在表演场上依次双手高举托盘，献给头马（红脸者），头马接过鸡蛋，从马腹下穿过，再递给四马（女将），四马接过鸡蛋从马腹穿过后，再将鸡蛋递还给执木托盘的长者，长者们将经过男女二神作用过的“马杯”再捧返神堂，神堂里聚集着接“马杯”的人，大多数是期望抱孙的老人。

此际，执事长者便将已在仪式上起过作用的“马杯”再次递给头马和四马的扮演者，求“马杯”的老人先向面具（傩神）作揖行礼，再向香首和两个扮演者作揖行礼，香首和两个扮演者依样还礼。礼毕，由头马和四马的扮演者将两枚红鸡蛋送给接“马杯”的人。如此一一行事，求得红蛋的人家，将红蛋拿回去分给青年夫妻食用，以祈求得子。其实，这一习俗如同上文的“送抢灯伞”一样，仍然是卵崇拜习俗的遗存。

（三）吃腰台

“吃腰台”，是指傩戏演到午夜时，台上演员与台下观众共同吃餐的习俗，吃过后继续演出。因在傩戏演出的“半中腰”，所以谓之“腰台”（又因有“邀请”之意，亦称“邀台”）。以前“吃腰台”时台上锣鼓声不断，而现今许多村落因搬演的剧目缩减了不少，皆将“吃腰台”放在演出结束后进行。“吃腰台”不似现今的普通民间聚餐，其菜品极为寒酸，各村的“腰台”一般是先将豆腐、酸菜、猪肉之类的食材放在一个锅里，再将锅放在生有炭火的炉子上煮，谓之“一品锅”（意思是一品吉祥），一壶酒，八个人围一桌同吃同饮，实则是傩文化里一种送穷的习俗。

棠溪镇东山吴傩神会“吃腰台”

池州各傩村的“吃腰台”习俗大体相同，惟太和章“吃腰台”则别有风味，即一边演戏一边进行，并将剧情巧妙地融合进来。当祠堂门口台子上演出的《和番记》进行到第十七场“赏月”时，剧情描写番邦公主八月十五中秋节设宴请刘文龙赏月，桌上摆上茶点、糕饼、酒等，扮演番邦公主和刘文龙的两个演员相对而坐，桌子上的酒食可以任意食用。其他演出人员都去摆在祠堂中间的方桌上“吃腰台”。刘文龙扮演者还没卸妆就把酒给长辈们倒起来，戏称“县太爷斟酒”，别有风趣，好一番官民同乐、共度新春的谐趣场景。戏台上留一人缓慢但不间歇地敲击大锣，浑厚的锣声在祠堂内外缭绕，使人感觉既神圣、肃穆又安定、吉祥。另外，有两个丑角和一个旦角手执小锣，扮作卖唱人，任意唱些小曲为“公主”和“刘文龙”助兴，显得情趣十足，古韵盎然。

（四）新年斋

斋，本是古人祭祀时表示虔诚的自我约束，如在祭祀前或举行典礼前沐浴洁身、节制行为和饮食等，佛教和道教都继承了这一传统，并将它进一步仪式化，设斋打醮，为人祈祷、超度，群众称这种延请僧道斋醮的仪式为“做斋”“打醮”。“新年斋”（亦称“新年会”），多于正月初七、十五两日在祠堂举行，是池州傩事活动的中心环节之一，它模拟佛事的斋醮活动，含有用仪式拔除灾殃的目的，贵池刘、姚、吴、汪诸姓傩村均完整保留了该仪式。该仪式以“和尚”念诵“请神词”为主，“请神词”很长，用一个像唱又似念的音调（称“诵经调”）念诵，不断重复，把天下佛教、道教诸神和贵池一带的各路大、小神仙全部请到，反映了村民对各路神灵的敬畏，并请求神灵驱灾赐福的心理，整个仪式亦庄亦谐。兹列两例如下：

其一，荡里姚“新年斋”。正月初七晚上，正戏《刘文龙》之后接续举行“新年斋”仪式。其时，先在祠堂内前台中央摆上祭桌，桌上铺绣着吉祥图案的大红桌布。桌子两端摆上两个烛台，点燃大红蜡烛，三个香炉中燃烧的檀香冒着缕缕轻烟，小鼓、小锣、大镲、小镲敲出震耳的节奏，在乐声中，戴大和尚面具者手持金刚铃，戴二和尚面具者手持木鱼，戴三和尚面具者双手合十，三人依次紧随登台，大和尚面具戴半脸[①]，二和尚、三和尚面

① 半脸即演唱者将面具戴于额顶，使嘴不被挡住，以便演唱。

具戴全脸[①]。三人至台中央行鞠躬礼三次，然后至祭桌前，大和尚用右手弹酒三次致祭，祭毕，口念：南无西方极乐国世界一切诸大菩萨，摩呵萨。南方十方三界一切诸大菩萨，摩呵萨……

然后，三人拜请五方神灵。大和尚振铎，三和尚敲木鱼，板鼓碎打配合，每一段之间用锣鼓打一段间奏。由大和尚念唱：拜请东方青世界，阿弥陀佛佛如来，东方甲乙木世界，我今特请上莲台，会莲台，会莲台上降福来……

遍请贵池经荡里至九华山沿途大小庙宇、水口、桥梁诸神时，以相同的调子（诵经调）念唱，每念一段均以“再运真香，一心拜请”开始，以“标名不尽，普降来临”结束。整个过程用时五十分钟左右。

荡里姚傩神会“新年斋”

其二，山里姚、山外姚“新年斋”。山里姚、山外姚于正月初七、十五晚上九时左右在祠堂举行“新年斋”，待傩戏《刘文龙》演至十九出《私探》后，稍歇片刻，即开始放小鞭炮，响锣鼓，准备“新年斋”。戴大和尚、三和尚面具者和信士弟子（手拿一支燃香的信道教、佛教之人）在锣鼓声中绕台一周后进台，再由“入相”[②]处出台，绕台一周后再进台，又从“出将”

① 全脸即演唱者将面具整体扣在脸上。

② 旧时的戏曲舞台上，有上场、下场两个门，分别标有“出将”“入相”字样。“入相”即指演员下场。

处出台，出台后即停锣鼓，“和尚”开始念唱，边唱边在前台和后台走动，然后，“和尚”登堂请东家上香（拜请），东家拜请后，“和尚”洒净水，继请天地、本境内大菩萨，后跪请从贵池至九华山沿途庙宇、桥梁、水府等一切菩萨来临，请后迎香（响大开锣，走动上、下堂至大门口）。迎香后，戴和尚面具们者再次登台演唱，并听取吉祥词（每句后七开锣共四句）后，“和尚”继续诵经请神，待念到“谢劳尊重，不敢奉送”后取下面具，脱袈裟恭贺施主，作揖，仪式结束。

（五）打社公、问土地

该仪式系池州各宗族傩神会都有的傩事仪式，但称谓却不一，有的称“舞土地公婆”（又称“舞土地”），有的称“问土地”，有的称“打社公”，一般于正月十五夜举行。我们以刘姓、姚姓傩神会的“打社公”仪式为例加以展析。

刘姓家族面具箱中有一枚社公面具，社公，即社神，他在神界的地位比土地公公高一级。刘姓傩神会不但在“起圣”时要将社公面具捧至社坛，在傩戏演出完毕后还要举行“打社公”仪式。正月十五夜，演完《刘文龙》中的团圆戏，“打社公”仪式开始。

社公的扮演者从戏台上走下，缓步走到之前已在观众席的大厅中摆放的餐桌旁边，桌上早已摆好酒肉等供品，还放置了一根竹鞭，竹鞭上面扎着用五彩纸剪成的球穗，形同舞台上的马鞭，各户家长燃香环立，社公念四句出台诗自我介绍后，开始与众社户对话。年首（族长）跪地向社公提问：“今年禾苗五谷可好？”“今年读书如何？”“今年贸易者何如？”“今年看养六畜何如？”“今年孩童播种天花何如？”等等。社公听后一一作答，如庄稼“春来一子落地，秋来万倍全收”，贸易“一钱为本，万金为利，好人相逢，恶人远送”。问、答完毕后，社公执鞭向空中连打四下。执鞭挥打是一种古老的迎春仪式，宣告一年农耕的开始，称为“鞭春”。社公一边执鞭挥打，一边口中念道：“一打风调雨顺，二打国泰民安，三打满门吉庆，四打五谷丰登。”念完，又说道：“天已明了，众社户，你等齐心合意，把灯笼火把点起，锣鼓打齐了，都来送我上庙去。”接下来，便是送神仪式。

姚姓“问土地”出场者不是社公，而是比社公小一级的土地公公。土地公公白须垂胸，穿长袍，手拄拐杖，坐在椅上，年首（族长）率各户家长捧香跪在土地公公面前，由年首（族长）提问，所问词语与刘姓大体相同，主要是庄稼的丰歉和人口的平安，唯一不同的是没有“鞭春”的仪式。

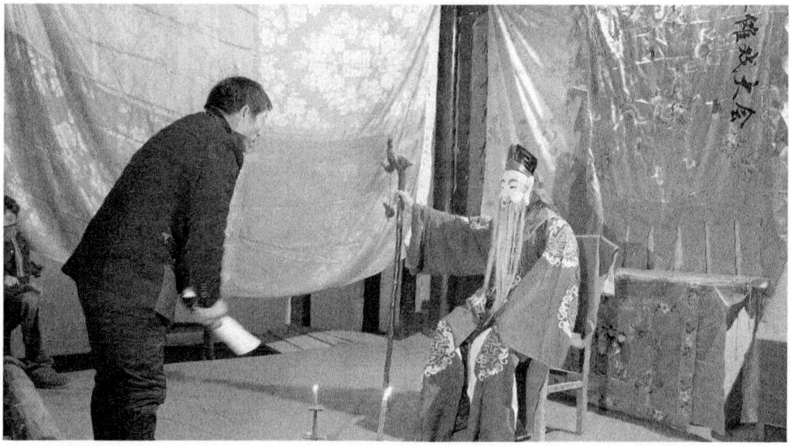

南边姚“问土地”剧照

荡里姚“问土地”仪式开始之前会给每人发一根香，告知大家都要虔诚求神，不仅将三牲盘也移到舞台前的供桌上，还备有香、纸马，这表达了对土地神独有的敬意。“问土地”与预卜今年的收成、年景、各种运气有关，因此，村里村外有很多人每年都要特意赶来专注地观看这个仪式。锣鼓急敲一阵后转慢，鞭炮声响起。土地公公迈步出场，土地公公头戴长须面具，穿黄袍，拄龙头拐杖，稳步登台，至前台中央行鞠躬礼后，至台后部中央甩，站定，然后开始喊断、舞蹈、问答。人们根据土地公公回答问题的流畅程度，判断今年某方面的情况，一共有人口、读书、务农、工匠、商业、天花、丝蚕、六畜、火盗、傩戏等十个问题，都是涉及村民基本利益的重要问题。如年首问道：“老土地公公在上，姚街合门人等，新春以来，求问人口一事？”土地公公答：“人人清吉，人人平安，老者颜如童少，又加福寿，而添康泰，少者似海水长留，又得名利，而招喜财，男增百福，女纳千祥，一年十二月，月月保平安，一日十二时，时时多吉庆，天上五星来送福，人间九躔去除灾。”

扮演土地公公的演员在回答年首关于收成、人口、天花、火盗、读书等问题时一定要口齿流畅、发音清晰，不能不流畅、不顺利或者张口结舌答不上来，如果出现这种情况，则预示某方面的情况不妙。

农业耕作对季节的要求非常严格，耽误了农时，便意味着损失了一年的收成。因此，让广大农民时时保持农时与季节关系的意识，按时耕耘、播种、收获，对安定社会、增加田赋都有极大作用。刘姓和姚姓的“鞭春”“打社公”“问土地”仪式无疑是一种仪式化的政令，渗透于民间信仰和民俗之中。正月十五的傩戏演完，问罢社公或土地公公，也就意味着过年的闲暇很快结束，新一年的劳作即将开始了。

第二节　傩舞

傩舞是中国傩文化的一个主要表现形式，源于巫舞。古人不懂得自然规律，对天地万物充满了敬畏，面对各种灾难束手无策，只好通过巫术、祭祀等活动来向天地众神祈祷，以期得到庇佑。在这种巫术、祭祀活动中充当关键人物的是巫师，他们通过舞蹈动作和唱词来表达人对神的期盼，同时也向人传达神的意旨，此便是原始之歌舞。是故，王国维曾提出“歌舞之兴，其始于古之巫乎”①。这种祈神庇护的巫舞与逐疫结合起来，便产生了初始的傩舞，表现为人们以装身护面手段，扮成比鬼疫更威猛、凶厉的战将，手持兵器，配合善神，手舞足蹈向鬼疫宣战。

池州傩舞从池州傩诞生以来，基本上保持原生状态，是中国初始傩舞的直接体现，只不过扮演者不是专职的巫师而是宗族的民众。其舞姿（动作）稚拙粗犷，舞台调度（行动路线）也很简单，通常为传统对称式和“舞四方”（即青龙、白虎、朱雀、玄武之方位）。表演地点则是根据不同傩舞所表达的寓意，在不同的时间段里或在祠堂、或在社坛、或在社树下进行。傩舞中多有“一领众和”的喊断（即吉祥词），其目的，一是心愿抒发，二是舞蹈内容的再表达。

池州各族傩舞的舞目、演出次序、演出场合、出场人数、舞蹈动作各不相同，各具特色，各宗族间的搬演风格和内容呈现多样性特征。按照傩舞演出形式可分为三种类型：一种是将舞蹈置于戏剧演出的前后，形成“舞—戏—舞”的组合形式，如殷村姚的傩舞即是如此；一种是不演傩戏，只有仪式和舞蹈，或者戏剧的片断（只舞不唱），如老屋唐；还有一种是只在祭社时于社坛作仪式性的舞蹈，然后把面具供奉于祠堂，舞蹈不以娱人为目的，

① 王国维：《宋元戏曲史》，上海古籍出版社1998年版，第2页。

如徐村柯。按照傩舞的文化内涵又可分为三种：其一，祈福禳灾类舞蹈，比如《舞伞》《舞古老钱》《滚球灯》《舞财神》等；其二，娱神娱人类舞蹈，例如《舞回回》《和尚采花》《踩马》等；其三，惩恶扬善类舞蹈，如《钟馗捉小鬼》《打赤鸟》等。此处，我们以其文化内涵作分类介绍如下。

一、祈福禳灾类傩舞

（一）《舞伞》

该舞系迎神的傩舞，由家族长者执伞，引导戴童子（或称“伞孩儿”）面具、身着大红镶边对襟上衣、腰系绿色绦带、下穿深色灯笼裤、手持五色伞（当地人称“神伞”）的舞者上场进行独舞。地处白洋河上游的梅街镇姚、刘、章、汪、曹、金、柯等姓以及棠溪镇吴、韩等姓家族均搬演此舞。五色伞面呈穹窿状，象征苍穹，周沿贴有十二层（闰年贴十三层）五种颜色的条形纸，五色条形纸上绘有象征一定寓意和写着各种带有吉祥含义的文字图案。原始信仰认为，天乃众神之所居，众神缘神树而上下，一根竹竿贯穿伞顶，正是众神上下之通途，所以各宗族傩戏演出前，必先将伞带往社坛迎神，意为神灵降临。

全舞共分十二段（闰年十三段），每段均以喊断作间隔。喊断具体内容各族不尽相同，我们以西华姚傩神会为例揭示如下：

第一段内容为：

年首：都来呀！	众：嗬！
年首：一进门来便是厅，	众：嗬！
年首：衣冠整整共迎神，	众：嗬！
年首：满村吉庆从天降，	众：嗬！
年首：福寿康宁乐太平。	众：嗬！

第二段内容为：

年首：都来呀！　　　　　众：嗬！
年首：二进门来便是堂，　　　　　众：嗬！
年首：灯烛辉煌放霞光，　　　　　众：嗬！
年首：三郎菩萨都好耍，　　　　　众：嗬！
年首：个个平安大吉昌。　　　　　众：嗬！

第三段内容为：

年首：都来呀！　　　　　众：嗬！
年首：莫怪伞儿来得迟，　　　　　众：嗬！
年首：洛阳桥上等多时，　　　　　众：嗬！
年首：一等等到同相会，　　　　　众：嗬！
年首：更有同相会来迟。　　　　　众：嗬！

第四段内容为：

年首：都来呀！　　　　　众：嗬！
年首：伞儿舞得长又长，　　　　　众：嗬！
年首：神喜人欢乐满堂，　　　　　众：嗬！
年首：左边青狮未进宝，　　　　　众：嗬！
年首：右边白象献祯祥。　　　　　众：嗬！

第五段内容为：

年首：都来呀！　　　　　众：嗬！
年首：伞儿舞得好，　　　　　众：嗬！
年首：身穿红绿袄，　　　　　众：嗬！
年首：日日广招财，　　　　　众：嗬！
年首：时时多时宝。　　　　　众：嗬！

第六段内容为：

年首:都来呀!　　　　众:嗬!

年首:伞儿本是洞中笠,　　　　众:嗬!

年首:赛似南山竹叶柯,　　　　众:嗬!

年首:闲人不敢胡乱动,　　　　众:嗬!

年首:今夜舞来赛嫦娥。　　　　众:嗬!

第七段内容为:

年首:都来呀!　　　　众:嗬!

年首:伞儿原是紫竹箫,　　　　众:嗬!

年首:去年迎圣到今朝,　　　　众:嗬!

年首:宽心耍过元宵节,　　　　众:嗬!

年首:一去求官着紫袍。　　　　众:嗬!

第八段内容为:

年首:都来呀!　　　　众:嗬!

年首:伞儿舞得最绵长,　　　　众:嗬!

年首:五谷丰登粮满仓,　　　　众:嗬!

年首:六畜兴旺生意兴,　　　　众:嗬!

年首:读书标榜姓名扬。　　　　众:嗬!

第九段内容为:

年首:都来呀!　　　　众:嗬!

年首:伞儿舞的得人喜,　　　　众:嗬!

年首:可惜腰酸舞不得,　　　　众:嗬!

年首:好酒拿来吃三碗,　　　　众:嗬!

年首:舞个金钱堆满壁。　　　　众:嗬!

第十段内容为:

年首:都来呀!　　　　众:嗬!

年首:伞儿舞得又各别, 众:嗬!
年首:一边日头一边月, 众:嗬!
年首:今日舞从堂上过, 众:嗬!
年首:官匪火盗尽消灭。 众:嗬!

第十一段内容为:

年首:都来呀! 众:嗬!
年首:伞儿舞得凑地拖, 众:嗬!
年首:伞儿上面绣鹦哥, 众:嗬!
年首:鹦哥巧报平安福, 众:嗬!
年首:万事亨通乐太平。 众:嗬!

第十二段内容为:

年首:都来呀! 众:嗬!
年首:洒洒微风起, 众:嗬!
年首:蒙蒙雨湿衣, 众:嗬!
年首:今晚收了去, 众:嗬!
年首:初十(或十五)上堂来。 众:嗬!

第十三段内容为:

年首:都来呀! 众:嗬!
年首:伞儿舞得意殷殷, 众:嗬!
年首:难舍梨园气象新, 众:嗬!
年首:今日上元收了去, 众:嗬!
年首:明年上七再相迎。 众:嗬!

《舞伞》的具体程序是:年首持“神伞”,引领“伞孩儿”沿舞台走一周再行至台中央(即“走四方”)。在年首“喊断”和众人齐应“嗬!”之后,年首转身面对“伞孩儿”。“伞孩儿”恭敬地“马步”下蹲,同时双手经胸前、头顶，向两旁打开，垂落近地面，再上至胸前，成作揖状，向“神伞”施“元宝礼”。然后，“伞孩儿”庄重地接过“神伞”，和着锣鼓节拍，从容起舞。持伞舞动的动作每段各异，分别是“端举”“横握”“斜送”“担肩”“倒悬”“逗跳”“斜压”“轮转”等姿态。每个动作按照前、左、后、右四个方向舞动，再复前的方向之分（即“舞四方”）。每种姿态，四个方向为一段，每段结束，锣鼓暂停，年首高声“喊断”，如此程序反复十二遍。有一个动作贯穿舞蹈始终，即“伞孩儿”随着锣鼓节拍，双脚稍离地面“双起双落”不停跳动，头亦随着跳动的惯性上下不停地点动，手中“神伞”也旋转不止。全舞毕，年首复出，紧握“伞孩儿”双手，使其停止舞动。稍时，接过“神伞”，再次“喊断”。然后“伞孩儿”单手置于年首肩上，随年首下场。舞蹈节奏明快，舞者动作流畅，步履敏捷。

傩舞《舞伞》年首引童子入场

《舞伞》与周初宫廷祭祀社稷的“六小舞”中的《绂舞》（见《周礼·春宫·乐师》）和汉代祭祀后稷中模拟田间劳动除草、耕种、驱雀、收割、舂簸的《灵星舞》（见《后汉书·祭祀志下》）有相承关联。其动作虽然没有具体表达在田间劳作的形象语汇，但抽象的舞蹈语言却道出了在农耕社会里，农业生产与天体时序有着密不可分的关系。

从穹窿状伞面和伞周沿贴有十二层或十三层的五色条形纸以及“神伞”

在舞中不停地旋转的动作来看，穹窿状伞面象征苍穹，伞周沿五种颜色的十二层或十三层条形纸，意为天有五色云，岁有十二月（闰年有十三个月），而旋转不止的“神伞”即为乾旋坤转之意。

（二）《舞古老钱》

《舞古老钱》又称《舞鲍老钱》《舞古铜钱》《舞抱罗钱》（或简称“抱罗”），因舞者手拿古铜钱模型为道具，故名。毛坦姚、殷村姚、楼华姚、荡里姚、源溪金、源溪曹、西湾舒、杨家畈、水宕胡、老屋唐、新屋唐、阳春王、星田谢、邱村柯等宗族的傩社时常搬演该剧目，且各宗族表演形式各不相同。

各宗族傩社搬演的《舞古老钱》多为双人舞，也有个别宗族是单人舞。各宗族之间所着服装、所戴面具和古老钱的样式，也不尽相同。一般宗族的古老钱直径约四十公分，厚度为一公分左右，两面分别写有“风调雨顺”和“国泰民安”八个字，并用金粉或红漆勾描。多数傩戏会社所用的古老钱是用木板制作而成，也有傩戏会社的古老钱，是以竹篾条编制，竹篾条编制的古老钱，是先用竹篾条编制一个大圆圈，这个大圆圈的内圈大小，正好可以摆放四个同样尺寸的小圆圈，再相互连接而成。尽管制作古老钱的材质不同，但尺寸却相差不大。

星田谢傩神会《舞古老钱》

《舞古老钱》双人舞的主要程序是：两舞者各手持一枚古老钱，在单调的锣鼓声中出场，并按“舞四方”的舞台线路舞至台中。接着在喊断声中，两舞者有节奏、有规律地将古老钱举至上方，再落下，如此反复，直至此节喊断终止。然后，两舞者又分至舞台两侧作“四方”相对穿行。《舞古老钱》也有单人舞，也是先依锣鼓点节奏“舞四方”至台中，喊断声起，随喊断节奏将古老钱举至上方、落下，至喊断声止。不管是双人舞还是单人舞，主要姿势都是将古老钱用双手做类似“轮转”的动作。搬演《舞古老钱》的殷村姚傩社与此有差异，殷村姚搬演时，表演者一手持古老钱，一手持腰刀，舞蹈动作基本是屈膝深蹲，以左右腿交换前行。

古老钱，又名厌胜钱、太平钱，非流通钱币。其产生与古代方士厌胜法的巫术有关。西汉时期，民间就有将形状各异的厌胜钱作为祈福、避邪之物佩带在身上。《舞古老钱》是将形似古铜钱的厌胜钱，作艺术化放大，并以傩舞的形式呈现，寄托了傩乡百姓求吉避邪的理念与情感。

（三）《舞钱伞》

《舞钱伞》在贵池梅街镇源溪村曹姓和金姓宗族傩社时常搬演。该舞系双人舞，表演的地点是在曹、金、柯三姓共同的社树旁，由舞神伞者与舞古老钱者共同表演。舞蹈中戴天帝面具者，手执五色伞，为天之表象，象征阳；戴土地面具者，手执古铜钱，系地之表象，象征阴。两人手中旋转的伞和钱，乃乾旋坤转之意。

源溪曹傩神会《舞钱伞》

全舞共分为四段，首先由当年轮值会首摆祭品，参拜礼毕，两舞者身着兵勇背心相对站立，舞神伞者戴上天帝面具扮玉皇大帝，舞古老钱者戴上土地面具扮土地公公，天、地二神先沿演出场地走一圈，即“走四方”，完成“走四方”后，在年首喊断声中结束第一段傩舞。喊断内容如下：

年首：古老钱，古老钱， 众：嗬！

年首：里面四方外面圆。 众：嗬！

年首：高山不见前山雨， 众：嗬！

年首：风调雨顺， 众：嗬！

年首：国泰民安。 众：嗬！

接着是舞蹈的第二和第三段。在舞蹈的过程中，天帝扮演者时而将伞尖插入土地扮演者手执古老钱中间的方孔，时而高举着伞尖套有古老钱的五色伞，意谓天地交泰，阴阳和合。第三段舞蹈结束前，土地扮演者将套在五色伞尖上的古老钱取下，并在喊断结束后退场。此时，天帝扮演者，或双手或单手执伞，作类似“大刀花”的舞伞动作。

原始信仰认为，天为阳，地为阴，阴阳相交，化生万物。古代阴阳学说“一阴一阳之谓道”，“道生一，一生二，二生三，三生万物”。神话传说阴阳二神开天辟地，孕育了一切生命，搬演《舞钱伞》，是上古生殖崇拜“高禖之祭”的衍续。搬演前，本村及周边村庄有新婚或准备当年举办婚事的人家，哄抢去年生儿育女的人家酬谢傩神送来的灯笼伞上的灯笼的习俗，这反映了他们祈盼人丁兴旺，传宗继嗣的心理。

（四）《舞滚灯》

《舞滚灯》又称《舞球灯》《二郎神[1]舞滚灯》，居住在白洋河下游沿岸村庄的谢、毕、柯、舒、杨等宗族傩社时常搬演该舞。此舞历史很久远，明嘉靖《池州府志》已有“滚球灯”的记载，“或踹竹马，或肖狮像，或滚球灯”[2]。

该舞中的滚灯，也称球灯，由内外两个空心圆球体套叠而成，外圆球直径约八十公分，内圆球直径约七十公分，两球用细麻绳连结，可旋转。先以数根宽约一点五公分的竹蔑条扎制内外圆球，并以彩纸糊裹，外圆球蔑条还间隔贴有写着“国泰民安”“风调雨顺”之类吉祥词句的三角形彩色纸片，内圆球正中有轴，轴上可插蜡烛，舞动时，圆球不论如何翻动，内圆球中燃烧的蜡烛都始终朝上，且不会熄灭。个别宗族搬演时所用的滚灯，则是先用竹蔑条扎制成圆球，再用红纸通体糊裹，然后贴上六至八条宽约一点五公分的绿色纸条作为装饰。舞蹈中，滚灯转动，流光溢彩。

---

① 扮演者佩戴雕有三只眼睛的面具，傩神会社尊称其为“二郎神”脸子。《舞滚灯》中的“二郎神”系治理水患、开凿都江堰渠的秦蜀郡守李冰之子李二郎。迄今屹立在都江堰岷江东岸的二郎庙（又称二王庙，初名崇德祠）塑有李冰和李二郎像，宋真宗曾御赐“二郎神牌”，称李二郎为“川主二郎神”。

②〔明〕王崇纂修：《池州府志》卷二《风土篇》，明嘉靖二十四年（1545）刻本。

星田谢傩神会《舞滚灯》

《舞滚灯》系单人舞，舞者的动作、服饰均有差异，程序是：舞者先身着长素褶子或武生铠甲，戴二郎神面具，在单调的锣鼓声中上场，双手抱拳先向观众行三揖，再转身向供在桌子上的滚灯行三揖，然后手持滚灯开始“舞四方”。腿部动作和步法有小八字步、大八字步、丁字步、正弓步、横弓步、磋步、半蹲、踏步蹲等；手的动作有单山膀、托掌、按掌、提襟、双晃手、小五花、摇臂等。执事一边敲锣引领节奏，一边喊断。我们以峡川柯傩戏会为例，喊断内容如下：

年首：球兜舞的亮堂堂，　　众：嗬！
年首：原是山中竹扎匡，　　众：嗬！
年首：舞进大门来贺喜，　　众：嗬！
年首：合家老幼喜洋洋。　　众：嗬！
年首：二进门来便是厅，　　众：嗬！
年首：雕梁画栋点红灯，　　众：嗬！
年首：闺阁佳人廉里看，　　众：嗬！
年首：看我舞来百世昌。　　众：嗬！
年首：三进门来便是堂，　　众：嗬！

年首:满堂灯烛放霞光,　　众:嗬!
年首:高堂老人俱增寿,　　众:嗬!
年首:膝下儿孙皆心畅。　　众:嗬!
年首:球儿舞到食膳房,　　众:嗬!
年首:食膳房内美味香,　　众:嗬!
年首:舒心日子过的好,　　众:嗬!
年首:安居乐业体安康。　　众:嗬!
年首:我等来的这样迟,　　众:嗬!
年首:洛阳桥上耍多时,　　众:嗬!
年首:待到金阶喧吉庆,　　众:嗬!
年首:满堂菩萨笑吟吟。　　众:嗬!
年首:球儿原是洞中笠,　　众:嗬!
年首:放上南山竹叶稞,　　众:嗬!
年首:闲人不敢胡乱动,　　众:嗬!
年首:今夜特来赛嫦娥。　　众:嗬!
年首:我今舞得甚蹊跷,　　众:嗬!
年首:特来古舞特来朝,　　众:嗬!
年首:祖训遗规要珍惜,　　众:嗬!
年首:花灯底下闹元宵。　　众:嗬!
年首:我今舞得花不花,　　众:嗬!
年首:一等颜色二等花,　　众:嗬!
年首:只有几张花红纸,　　众:嗬!
年首:诸位看了笑哈哈。　　众:嗬!
年首:洒洒风儿起,　　众:嗬!
年首:蒙蒙雨湿衣,　　众:嗬!
年首:今晚收了去,　　众:嗬!
年首:别晚再来游。　　众:嗬!

《舞滚灯》的初衷与水有一定关联，白洋河下游村落多在沿河流的低洼地带，汛期多水患，而水与龙相关。滚灯，相传是二郎神降服孽龙的宝珠，既是诱龙之物，也是降龙之物。搬演《舞滚灯》，期望二郎神降服水患，反映了白洋河下游沿岸百姓，在长期饱受水患之苦和敬畏自然的同时，没有放弃改造生存环境，祈盼风调雨顺，安居乐业的愿望。

（五）《舞和合》

该舞系双人舞，演绎的是古代“和”“合”二仙的神话故事。墩上街道山湖村的老屋唐、新屋唐、阳春王及项姓宗族的傩神会时常搬演，搬演的地点在队屋。“和”“合”二仙均由男童扮演，扮演者头戴面具，身穿蓝服，手持道具。道具内方外圆，形似古代铜钱，用竹篾编制而成，直径约四十公分，厚度较薄，两面写有“正大光明”四个字。

该舞搬演程式如同傩舞《舞古老钱》。两舞者手持道具，两眼对视，踩着锣鼓节奏，按照“舞四方”路线舞至队屋中间，在“喊断”声中，有节奏、有规律地轮转着手中道具，反反复复，直至舞终。中国自古为礼仪之邦，讲求“和为贵”。《舞和合》中的“和合”是取其和谐、合好之意，寄托着人们期盼夫妇和好、家庭和睦、百姓和善、社会和亲、人与自然和谐的美好愿望，体现了中国传统文化“和合”理念的精髓。

山湖村傩神会《舞和合》

（六）《舞财神》

该舞系独舞，剧目中的财神指武财神赵公明，其源于道教崇奉的护法神，称“玄坛元帅”，又称赵玄坛。

扮演财神者戴黑色面具，红布包头，身着红衣，右手执鞭，左手作勒缰绳状，小颠步跑上舞台，从舞台右后方经右前方、前台、左后方再至舞台中央，转身后站定，喊断并表白：

财神：都来呀！　　　　众：嗬！
财神：脚踏祥云五色开，　　众：嗬！
财神：吾神今日下蓬莱，　　众：嗬！
财神：手执金鞭多进宝，　　众：嗬！
财神：身骑黑虎广招财。　　众：嗬！

财神一边喊一边手舞足蹈，放下马鞭，在锣鼓伴奏下沿舞台小跑一圈后，站于前台，用韵白的方式念道：“吾乃赵公明是也，今当上七良辰，云头观见蝦湖村，香烟缥缈，灯烛辉煌，果然兴旺人家，吾神不免降临于此，特来进宝，特来进宝！”

念白完毕，锣鼓声响起。财神起舞，小颠步从舞台中央，经左前方、左后方、中后方、右后方，再至右前方，左手提起衣襟，右手向上空招手，仿佛有财物在空中，将财物引到衣襟处兜住。反复若干次，然后至舞台后方的供桌旁，把衣襟中财务全部倒在桌子上，以示财宝已招进。锣鼓声止，第一段财神搬演完毕，执事开始喊断，众人应和。

执事：都来呀！　　　　众：嗬！
执事：金莲花放满堂红，　　众：嗬！
执事：霭霭香烟达九重，　　众：嗬！
执事：引得财神来进宝，　　众：嗬！
执事：宁看紫富敌王公。　　众：嗬！

喊断结束，乐声起，财神再步至舞台中央、左前方，重复前面招财进宝的动作若干次，然后将财物倒放在供桌上，此后执事接着再喊断两次。每段都以“都来呀！”开始呼喊，每句末都有众人“嗬”的应声，内容分别是：

执事：吾神今日喜来临，　　众：嗬！
执事：滚滚财源似海深，　　众：嗬！
执事：个个生涯（意）双倍利，　众：嗬！
执事：人人白手发千金，　　众：嗬！
执事：财神财神！　　众：嗬！
执事：财宝纷纷！　　众：嗬！
执事：吾神辞去！　　众：嗬！
执事：财喜临门！　　众：嗬！

搬演《舞财神》，表达了傩乡百姓想借助神灵的力量，达到户户富裕、宗族兴旺发达的美好祈求。

（七）《三星拱照》与《五星会》

《三星拱照》，又称《三星会》，三星即福星、禄星和寿星。该舞系群舞，仅在贵池梅街镇姚姓家族的南边姚傩神会搬演，时间安排在搬演正戏前。三位扮演者分别戴着福星、禄星与寿星的面具，穿着、冠戴按古代仕官与富豪的扮相先后出场，没有特殊的表演动作。中国的民间信仰认为，一个人生命过程中的一切际遇都由各种神所操纵，希望在人世少受贫穷、疾病、忧患和地位卑下的困扰。而福禄寿三星高照，是民间吉祥如意的象征，人们便产生了对福禄寿三星的崇拜。

殷村姚傩神会《三星会》

《五星会》中的五星分别是福星、禄星、寿星、喜星和财星，系群舞，仅在贵池梅街镇荡里姚（原属刘街乡）傩神会搬演。扮演喜星者头戴白面面具（与“刘文龙”面具通用），身着红袍，手捧官印，迈台步首先登场；第二位登场的是财星，扮演者头戴黑色面具，身着黑底彩袍（与傩舞《舞财神》不同），手持金元宝；第三位登场的是禄星，扮演者头戴白色长髯面具，身着白底绣龙袍，手持笏板；第四位登场的是寿星，扮演者头戴土地公面具，身着黄袍，手执龙头拐杖；最后一位登场的是福星，扮演者头戴皇帝面具，身着赫黄袍，怀抱笏板。

五位神灵上台后互相礼让后位置，最后福星居中，禄星、财星居左列，寿星、喜星居右列，在台上呈一字排开站定。福星用语调顿挫的方式吟诗一首：“爆竹声中一岁除，春风送暖入屠苏。千门万户曈曈日，总把新桃换旧符。”[①]吟诵之后，五星各自报家门。

福星白：吾乃福星是也。

禄星白：吾乃禄星是也。

寿星白：吾乃寿星是也。

财星白：吾乃财星是也。

喜星白：吾乃喜星是也。

① 该诗是宋代王安石的节令诗《元日》。“元日”是指农历正月初一，即春节。

福星白：云头观见姚村中香烟飘绕，灯烛辉煌，不免邀同诸位仙兄前去走一遭也。

福星念白后，五星在锣鼓伴奏下，缓步圆场一周，然后分别站立于舞台后方早已摆好的长凳上，福星居中，禄星、财星依次居左列，寿星、喜星依次居右列。福星赫黄居中，象征中央戊己土；财星与喜星两端对称，喜星红袍对应南方丙丁火，财星黑袍对应北方壬癸水；禄星与寿星相对，寿星青色头冠对应东方甲乙木，禄星白袍对应西方庚辛金，福、禄、寿、喜、财五星，分别对应东、西、南、北、中五方，金、木、水、火、土五行，黑、白、青、红、黄五色，以及天上五彩云，地下五色土，均与“五”相关。

一阵急促的锣鼓声后，五星开始单独用“高腔”演唱。

福星首先开腔唱道：“福自天申，如月恒兮如日升，气秉乾坤到（正），治乐唐虞顺，福星降子辰。万家春，富贵康宁，膝下儿孙盛，降福解元结（皆因积）福升，降福解元结（皆因积）福升……”

禄星续唱：“禄位高升，四（庶）民为友士（仕）为尊，民选家声盛，品立朝刚正，禄星进喜门，榜同登，乃武乃文，辅佐当今朕，愤（倾）刻冲霄万里程，愤（倾）刻冲霄万里程。”

寿星接唱：“寿比南山，高民博厚更无疆，心理太和养，兆化难相强，寿星到吉方，百世昌，平上天良，自得期愿想，寿而壮且寿安康，寿而壮且寿安康。”

财星再唱：“大道生财，左右逢源遂称怀，千万常相赛，金财归满载，财星立瑶台。降福来，庶事安哉，永是春风快，一团和气自生财，一团和气自生财。”

喜星最后唱道：“喜气洋洋，万紫千红总是春，堂上椿萱盛，万事皆兴顺，喜星进吉门，喜气腾，科甲连登，利市（事）财源滚，平地雷鸣忽一声，平地雷鸣忽一声。”

无论是傩舞《三星拱照》还是傩舞《五星会》，均深刻地体现出了傩乡族民祈盼傩神赐福禳灾的殷殷之情。

（八）《魁星点斗》

傩舞《魁星点斗》主要在姚姓家族中流行，荡里姚傩神会以及殷村姚傩神会都演出这个舞蹈，系独舞。舞者袒胸赤脚，戴绿色狰狞的面具，有獠牙，左手执方形木斗（象征北斗七星），右手执朱笔（暗含“中举”之意），做踢斗、点斗动作。

殷村姚傩神会《魁星点斗》

在急促的锣鼓声中，舞者以全脚掌着地走小碎步登场。接着，用同样的步伐“走四方”。每走一个“四方”为一段，每一段有三次“跷脚踢斗”和“用笔舔斗”。每段结束，跳到桌面摆放的椅子上，以一脚实踩椅面，一脚虚搭椅靠上“亮相”，每段均有喊断和众“嗬”。殷村姚傩戏会喊断内容如下：

第一段：

执事：一道祥光射斗牛，　　众：嗬！
执事：全凭阴阳鹭心头，　　众：嗬！
执事：文字自古无凭据，　　众：嗬！

执事:唯愿朱衣暗点头。　　众:嗬!

第二段:

执事:五更灯火五更鸡,　　众:嗬!

执事:正是男儿立志时,　　众:嗬!

执事:一举首登龙虎榜,　　众:嗬!

执事:十年身到凤凰池。　　众:嗬!

第三段:

执事:泥金喜贴报喜讯,　　众:嗬!

执事:都道皇都得意回,　　众:嗬!

执事:一色杏花红十里,　　众:嗬!

执事:状元归去马如飞。　　众:嗬!

第四段:

执事:贺喜,贺喜,点斗已毕,　　众:嗬!

执事:祖绶蝉联,科名鹊起。　　众:嗬!

每段的组合动作有“左踢腿”落左腿在前成“正弓步”，紧接收左腿成左“虚丁步”，举笔作“亮相”状。一般全舞由三段或四段组成，每段动作基本相同。最后一段喊断前，须持笔捺斗，向台下观众作“点元”状，允准读书人科甲连登。

魁星是主宰文运之神，为读书人所祀奉。他原为神话传说中二十八宿之一“奎星”的俗称，系北斗七宿的第一宿。因“魁”有“首”的意思，故将“奎”谐为“魁”，取文登榜首之意。民间“奎主文章”的信仰，由来已久，在儒士学子心目中，魁星的地位至高无上。傩乡百姓自古就有崇尚读书的习俗，傩舞《魁星点斗》反映的正是他们期望在科举考试中，能受到魁星的朱笔恩惠，而文登榜首。在正月跳魁星，旨在祈求家族文运昌明、官运亨通。据说，池州傩舞《魁星点斗》与明人顾炎武《日知录》所言之“文章之府”

有异曲同工之妙。

二、娱神娱人类傩舞

（一）《舞回回》

《舞回回》又称《舞回子》，是池州傩事活动中比较普遍的舞蹈。《舞回回》是对外来乐舞的统称，各家族的《舞回回》有不同的渊源和历史，并且表演形式也各有差异，归纳起来有如下几种类型。

其一，回回祝福型。以梅街镇姚村为代表。姚村的《舞回回》舞者共五人，面具为老回、头回、二回、三回、四回，表演分为出、中、下三场。出场时，五位舞者戴面具呈一列纵队依次出场，在台中排成一字横队，随众人呼喊的吉祥词举手过头应诺“嗬”，再变换成纵队圆场一周后至舞台中央再变换成横队面向观众，如此反复六次。中场时，横队按方位变化，老回居中，头回至四回分立于舞台四方，开始舞唱并行拜年仪式。每唱一段，众回列纵队圆场一周后恢复原队形继续舞唱《八仙庆寿》《张仙送子》《鲁班造府》《团圆》等喜曲片段。如此反复直至唱完喜曲，众回面向观众呈一字横队，举手过头应诺“嗬”回应执事人员呼喊的吉祥词，完毕后再变成一列纵队下场。

其二，回回舞方型。以梅街镇殷村姚和梅街镇星田谢为代表。舞回回由四人表演，即老回一人，小回三人。四个扮演者戴好面具出场后分四角站立，沿对角线穿插跳跃，然后换位，再沿对角线穿插跳跃，称“舞四方”或“舞方”。舞分四段，每段舞完，后台执事人员呼喊吉祥词，舞者沿对角线穿插跳跃，如此重复直至四段全部舞完下场。

其三，回回舞狮型。以清溪街道杨家畈、西湾舒和墩上街道老屋唐、茅坦杜为代表。池州除了城镇春节灯会和乡村舞龙、舞狮外，傩神会也有舞狮。狮头过去由原木雕刻，现改为竹扎纸糊，呈平面造型，一般是三人表演，一人弓腰扮狮身，一人舞狮头，一人戴回回面具作引狮者，引导狮子“舞四方”。老屋唐家的舞狮表演，一般安排在所有舞蹈之后，称“扫台狮子”，回回已不出场，由会首提灯笼引狮，狮子随灯而“舞四方”，并由香首喊吉祥语。

其四，回回饮酒型。以梅街镇太和章为代表。太和章傩神会的《舞回回》，不管是表演场地，还是表现形式，均有别于其他傩神会的《舞回回》，它是唐代西凉乐舞《醉胡腾》在池州傩里的孑遗。也许因为该舞是稀奇的“舶来品”，祖先们没有欣赏过，所以将该舞的表演地点从祠堂内临时搭建的舞台上移至后厅靠近祖先牌位的地面表演。当地村民称此为“演地戏”，以便“演给祖宗看”。全舞分为不同风格的两大部分：第一部分表演的是两个佩戴着棕色面具的回回，手中各持一枚放大的古铜钱，按节奏有规律地旋动，手中的铜钱不时地置于胸前、头顶，或相对而舞，或双脚跳跃前行，在完成“舞四方”后结束；第二部分除有部分西域舞蹈特征的动作外，其他动作不仅生活化，而且舞台调度还比较随意。舞中，两个其中一回一手持酒杯，另一回一手持一酒杯，一手持一酒壶，两回和着节拍，且行且舞且饮酒。他们时而你斟我饮，时而自斟自饮，时而相对互饮，频繁更换饮酒姿态，其间还不时地向围观者敬酒。酒酣后，在“回子生得好，身穿皮衲袄，大的做官人，小的做阁老。回回生得丑，这等会吃酒，大回吃三坛，小回吃八斗”的喊断声中，两人的饮酒姿势，不仅有站饮、坐饮，还有倒饮，竟至卧饮。醉态中，喊断声又起，两人停止动作，以一人向另外一卧地者作灌酒姿态的“造型”。尔后，两人醉态爬起，摇摇晃晃掷去酒具，比刀相向，直至筋疲力尽。全舞在喊断声中结束。

太和章傩神会《醉胡腾》(《胡饮酒》)

池州是汉人聚居地，为何盛行搬演《舞回回》剧目？我们认为，一方面，历史上池州一带被称作“南淮夷”，明清以降，凡有傩事活动的家族，都有迁徙史，人口大迁徙，对文化的交流起着举足轻重的作用。在中国，“回回”（指回族）是一个大分散、小聚居的民族，自十三世纪出现以来，始终保持着大范围内的迁徙和传衍方式。池州作为中原文化的“集散地”，同样存在这种文化迁徙的局面。另一方面，古之为国者，惟八方乐奏、四面歌舞进奉，才能体现其风范，以显政通人和、四海升平。池州自古为华夏文明腹地，历史迁徙中的“万国来朝”和“四夷来王”同样营造了“回回”等少数民族乐舞文化的异地遗存[①]。

（二）《踩地马》与《高跷马》

墩上街道山湖村傩神会搬演该傩舞，分为“踩地马”和“高跷马”两种形式。傩舞《踩地马》是在山湖村老屋唐、新屋唐、阳春王、项家四个族姓组成的祭祀圈范围内的庙基、社坛、社树、祠堂等地点进行，时间在上午；《高跷马》则是晚间在队屋旁的广场上进行。

其一，《踩地马》。《踩地马》系群舞。舞者为四位男童，分别饰演“关

① 参见罗斌:《假面阴阳——安徽贵池傩舞的田野考察与研究》,中国艺术研究院博士学位论文,2007年。

索”“鲍礼”“鲍仪”与“鲍三娘”，身着战袍，腰扎竹马（关索骑红马，鲍三娘骑白马），动作包含“发令”（舞令旗）、“遛马”、“交战”等舞蹈动作，体现了古代大将的风采。先在神堂（过去为祠堂，因战祸而毁，现唐姓改在集体时留下的队屋进行，项、王二姓则在两姓集资修建的屋子进行）请神，四位扮演者（均为12～14岁的少年）先向面具叩拜，然后由执事长者替他们戴上面具、扎上竹马，一切就绪后，开始踩马，称“启圣马”，需跳完全部的踩马动作。随之“出圣”，以旗锣鼓伞为先导，执事人员挑着面具箱、狮子箱和四位少年组成地马队，在各村共同的社祭祀圈绕行一周，做完整的祭祀套数。每至各村的社坛、水口、土地庙、五猖庙、祠堂旧址及其它庙宇，四位少年都要戴上面具踩一次地马，动作有交叉的跑马步、打斗、摆架子等；行至各村共同的社坛神树前，四位少年再次跳完全部的“踩马”动作，最后回至神堂再踩“落圣马”，全套《踩地马》舞蹈至此结束。这种与社祭并行的《踩地马》傩舞具有双重含义：一是在社祭祀圈范围内的所有村庄踩马逐疫；二是与地望相连的各村交流感情，以达到和睦乡里的目的。

山湖村傩神会《踩地马》

其二，《高跷马》。《高跷马》又名《花关索大战鲍三娘》，系群舞。舞者为四位未婚男青年，分别饰演“关索”（称头马）、“鲍礼”（称二马）、“鲍仪”（称三马）与“鲍三娘”（称四马），每人踩在两只杉木制的高跷上，身穿竹马（假形）、头戴面具搬演。演绎的是关公之子关索到西川寻父，途经鲍家庄，被鲍氏三兄妹所阻，在打斗中，鲍三娘见关索年轻英俊，且武艺高强，遂生爱慕之心，关索亦觉鲍三娘乃巾帼英雄，故手下留情，最后关鲍二人终结秦晋之好的故事。四位搬演者分别穿红、黄、白、黑武生靠，腰间挎有与各自所着服装颜色相同，以彩纸糊裱的竹篾编成的竹马，每人手持一面小旗和各自在交战时使用的“兵器”，关索用长柄大刀，鲍礼用长柄砍斧，鲍仪用长枪（矛），鲍三娘用双剑。搬演者们踩高跷的技艺娴熟，动作幅度较大，刚健有力，行走自如，能敏捷灵活地前行、后退，左、右移动或转身。舞蹈程序首先是“走四方”，接下来有“遛马”“刮马”“勒马”“布阵”“交战”“假败”“和好”等。舞台调度有“四方”“二龙出珠”“编辫子”“横排”“竖排”“斜排”“人字形”“八字形”“弧形”“S形”等。手势和手型有“托掌”“推掌”“按掌”“穿掌”“盘腕”“单晃手”“双晃手”“分手”“提襟”“剑指”“顺风旗”等。

山湖村傩神会社《高跷马》

骑马逐疫，汉代宫廷大傩已有记载。汉代宫廷大傩中的骑马逐疫，是将魔鬼瘟疫逐出门后，再由骑士接过火把，继续驱撵至洛河，魔鬼瘟疫连同火把扔进河水，表示魔鬼瘟疫已被洛河的水冲走。而山湖村傩神会社搬演《踩地马》和《高跷马》时，不仅赋予了它新的内容、内涵，还增添了神话色彩，《踩地马》疫逐的目的与汉代骑马逐疫功能相似，《高跷马》搬演则与祈子民俗相结合。搬演《高跷马》之前，有隆重的“献马杯”和“接马杯”仪式，即年首将去年生儿育女的人家献于供有“脸子”神案上的红鸡蛋，在搬演前经头马腹下，穿递至四马腹下，交给祈盼添丁者的人家后，再进行搬演。山湖村傩神会社搬演的傩舞《踩地马》和《高跷马》，将古代逐疫和民间祈子文化相结合的表现形式，寄托了他们期盼平安吉祥和多子多孙的美好意愿。

（三）《和尚采花》

《和尚采花》仅见于墩上街道山湖村傩神会。该舞系群舞，老屋唐表演的是三人舞，即和尚一人、童子两人。阳春王《和尚采花》则是由五人表演，其中和尚一人、童子一人、姑娘二人、嫂嫂一人。该舞蹈无专用面具，除和尚外，皆以其他舞蹈的面具替代。表演的地点是在广场或室内的平地进行，出场时，和尚手持一长柄宫扇，双腿呈骑马式，扇横置在大腿上，按“咚咚堂”的节奏蹲起蹲落，和尚旁边蹲一儿童，手拿一物似小旗状，在地上来回扫动。而三位女子则双手叉腰，围成一圈来回跳动。每舞一段，唱一段小曲，共唱十二个月，称“十二月采花调”。如正月至六月的唱词如下：

正月采花采山茶，山茶花开贺元宵，
山茶花开望结子，春风摆动杨柳梢。
二月采花采蔷薇，蔷薇开花似结球，
蔷薇花开望结子，人生一世草逢春。
三月采花处处香，姐在家中绣鸳鸯，
绣得鸳鸯来做对，双双飞在藕池塘。
四月采花采石榴，石榴花开万千红，
石榴花开望结子，双双蝴蝶飞满园。
五月采花采菖蒲，菖蒲花开似结球，
采得菖蒲来饮酒，满斟三杯解郎愁。

六月采花采红莲，红莲理莲似神仙，

红莲开花望结子，荷花出水朵朵鲜。

在中国的古代小说、民歌中都常把花比喻为女性，把采花喻为男女情爱，这种隐喻的描写又增添了傩事活动中的青春活力。在表演中，和尚执宝扇面向童子，有送子的含义。因此，傩舞《和尚采花》表面上具有娱神娱人的功能，深刻的内涵则是民间祈子的诉求，从唱词看，对各种花都用“望结子”来比喻，明显反映了旧时代中国农民多子多孙的诉求，这一祈子的诉求与“接马杯”的风俗相映成趣，构成一幅生殖崇拜的风情画。

山湖村傩神会老屋唐《和尚采花》

三、惩恶扬善类傩舞

（一）《打赤鸟》

又称《打翅鸟》《打卦鸟》，梅街镇的姚姓，棠溪镇的吴姓，清溪街道的程、叶、徐、江、舒、杨等姓以及青阳县的杜村乡姜姓傩神会曾搬演该舞。

该舞系双人舞，其中一扮演者头戴黑长须面具（与《五星会》财神、《关公登殿》周仓面具相同），以红布包头，身穿彩色绣衣，手持一弓，作搭箭欲射状；另一个扮演者头戴白脸面具，也以红布包头，身着红衣，手持赤鸟模型。二人在舞台对角对峙，持箭者追逐赤鸟，持赤鸟者躲避，在舞台中央擦肩而过，换位后对峙，重复动作，最后持箭者将把赤鸟打下，行“弯弓射赤鸟”之事，以表达“逐除疫病”之意。

该舞共四段，间以喊断，第一段喊断内容如下：

执事:都来呀！　　众:嗬！
执事:我是官人小侍人，　　众:嗬！
执事:官人差我放飞禽，　　众:嗬！
执事:放了飞禽回家去，　　众:嗬！
执事:回家见我大官人，　　众:嗬！

荡里姚傩神会《打赤鸟》

随后三段喊断每段开始都以“都来呀！”呼喊，每句末都有众人“嗬”的应声，内容如下。

第二段为：

执事:二十年前小后生，　　众:嗬！

执事：手拿弹弓沿路行，　　众：嗬！

执事：见了飞禽便要打，　　众：嗬！

执事：打死鹦哥见主人。　　众：嗬！

第三段为：

执事：家有千口，　　众：嗬！

执事：全靠弹弓一手，　　众：嗬！

执事：昨天打了一百，　　众：嗬！

执事：今天打了九十九。　　众：嗬！

第四段为：

执事：赤鸟赤鸟，　　众：嗬！

执事：年年下来害我禾苗，　　众：嗬！

执事：今日穿心一箭，　　众：嗬！

执事：打它回去过元宵。　　众：嗬！

用桃弓苇矢驱除疾殃，是一种厌胜巫术，起源很早。汉代张衡《东京赋》："尔乃卒岁大傩，驱除群厉。方相秉钺，巫觋操弧，侲子万童，丹首玄制。桃弧棘矢，所发无臬。"李善注云："桃弧，谓弓也；棘矢，箭也……《汉旧仪》：'常以正岁十二月命时傩，以桃弧苇矢且射之，赤九五谷播洒之以除疾殃。'《左氏传》曰：'桃弧棘矢，以除其灾'。"[①]由此可见，对此事的记载相当明确。同样出自张衡《东京赋》，也有关于"赤鸟"即是"瘟疫之鬼"的记录。同时，"赤鸟"也是导致旱灾的鸟，此说与"后羿射日"故事相关。也有人认为，这源自古老的太阳崇拜，赤鸟被视为神的使者，人们趋之若鹜，但此论之误在于"除非天象异常，傩舞'打赤鸟'不太可能把太阳鸟或传授天命的赤鸟作为驱逐的对象，也不可能是反映羿射九日的神话"[②]。当然，打赤鸟以做占卜，问天下之吉凶，也是古已有之的习俗。

① 〔梁〕萧统选，〔唐〕李善注：《昭明文选》卷三，京华出版社2000年版，第92页。

② 王义彬：《池州傩戏艺术及其文化研究》，福建师范大学博士学位论文，2004年。

（二）《钟馗捉小鬼》

《钟馗捉小鬼》又名《跳钟馗》。同一类型的还有《判官捉小鬼》（又名《跳判官》《舞判》）。墩上街道山湖村的唐、王、项三姓傩神会，梅街镇邱村柯的二郎会和清溪街道杨、舒、胡三姓的二郎会曾搬演此类傩舞。此处介绍山湖村傩舞《跳钟馗》。墩上街道山湖村唐、王、项三姓傩神会在每村轮值演出时，晚间都表演傩舞《钟馗捉小鬼》。唐、王二姓在搬演该傩舞时互有不同。

池州傩艺团《钟馗捉小鬼》

其一，山湖村老屋唐傩舞《钟馗捉小鬼》。老屋唐（包括新屋唐）的《钟馗捉小鬼》的表演有舞者二人，扮演钟馗者戴青黑色面具，手拿宝剑，身挂“彩钱”，扮演小鬼者则戴小鬼专用面具，也身挂“彩钱”。舞蹈以锣鼓为节奏，无唱词，有简单情节，类似哑剧。先是钟馗用宝剑指向小鬼，小鬼不断作揖求饶，钟馗倨傲作态，小鬼卑躬屈膝，形成鲜明的对比。小鬼在舞动过程中伺机夺过钟馗手中宝剑，钟馗失剑，反向小鬼打躬求饶，而小鬼却昂然不顾。最后，钟馗急中生智，夺回宝剑，将小鬼斩却。这个舞蹈按其本意是为了驱疫，钟馗应是一位严肃的驱邪神，但是在这里却被注入了世俗情态。他手中的宝剑，象征着权力，一旦失去了它，便如失去羽毛的凤凰，连鸡也不如了。这个舞蹈与江西南丰县的傩舞《钟馗醉酒》堪称姊妹篇。《钟馗醉酒》描写小鬼讨好钟馗，劝钟馗饮酒，钟馗喝醉而失去宝剑。

其二，山湖村阳春王傩舞《钟馗捉小鬼》。阳春王与老屋唐相距不到一公里，属同一傩神会，共用同一面具及服装，但那里的《钟馗捉小鬼》有一禁忌：如果在舞动过程中钟馗无意间触碰了小鬼，那怕只是碰到衣襟，扮演小鬼者便会遭殃。从前，都是以重酬雇佣村中贫穷的孤老扮演小鬼，后来改由钟馗独舞。在他演至捉住小鬼的时候，由执事的老人拿小鬼面具，远远地让钟馗用剑指划一下，表示已经捉鬼完毕。扮演小鬼会招致灾祸的认识源于巫术，扮演小鬼者相信鬼魂依附于自己身上，自己与小鬼等同，一旦钟馗接触自己的身子，自己就要替代小鬼遭受灾祸。

钟馗善捉鬼，名声显赫，是我国俗神信仰中受人崇敬的神祇。玉皇大帝、阴间阎王、宫中皇帝、民间百姓分别尊封他为“天师大元帅”“地府判官”“驱魔神”“驱鬼大王”。他因古人迷信鬼神的存在，由逐鬼的工具“终葵”（即椎）和商代巫相“仲傀”兼驱鬼之方相逐步演化而来，是我国古代哲学中“无中生有”理念的印证。

第三节 傩戏

搬演傩戏是池州傩的最主要表现形式，有唱有白，有完整故事情节，这是池州傩有别于中国其他地区傩的最显著表现，与傩仪、傩舞共同构筑成完整意义上的池州傩文化。

池州傩戏在民间又称正戏或本戏，多来源于“南戏”与“明代说唱词话”。历史上池州演傩各族在正月初六深夜或正月初七凌晨于祠堂“迎神下架”，初七傍晚于社坛举行“起圣”仪式迎接众神进入祠堂并表演《舞伞》等傩舞，表演结束后，便开始搬演具有故事性情节的正戏，以娱乐神灵、祖先和族人。表演多在祠堂供奉祖先牌位前临时搭设或固定设置的舞台上进行，惟太和章姓在祠堂二进的门口面对祖先牌位搭设舞台展演。表演者佩戴体现角色的各种面具，演绎故事，唱腔以傩腔为主，少数宗族以高腔演出，多佩戴全脸面具，只有演唱高腔的族姓佩戴半脸面具演出。通体表演粗犷，不具现代意义上戏曲的观赏性，但角色行当基本齐全，故被学界称为“戏曲活化石”。正本傩戏的演出，必须依照祖辈相传的程序进行，且于正月十五悉数演完，寓为团圆、完满之美意。①

一、傩戏剧目

关于池州傩戏的演出剧目，王兆乾先生曾进行过全面的调查统计（见表3-1）。

① 当下池州各族大多坚守着传统的搬演方式，但由于现代文明进程的加速，傩乡村民出外务工、经商，难以在家滞留至元宵节，能搬演全部正本傩戏的傩戏会，已是屈指可数。一些傩神会将搬演日期向前作了调整；个别相邻的傩神会社，还进行合并搬演；还有一些傩神会社，根据自身人员情况，选择剧目中角色相应少一些的剧本，进行搬演。

表3-1 池州贵池各家族傩戏演出剧目①

乡	自然村	演出剧目
刘街乡	荡里姚(姚街)	《刘文龙》*《孟姜女》*《宋仁宗不认母》*
	姚村(山里山外姚)	《刘文龙》*《章文显》*《陈州放粮》*《孟姜女》*
	南边姚(殷村、毛坦五村)	《刘文龙》*《孟姜女》*《陈州放粮》*
刘街乡	南山刘(上村、下村)	《刘文龙赶考》*《孟姜女寻夫记》*
	凤岭刘	《刘文龙》*《孟姜女》*《黄太尉》(亡佚)
	奄门刘	《刘文龙》*《孟姜女》*
	立山刘	《刘文龙》*《孟姜女》*
	茶溪汪	《刘文龙》*《孟姜女》*
	双龙(桑林坑)汪	《刘文龙》*《章文显》*《孟姜女》*
	徐村柯	清咸丰间因战争剧本亡佚,只行仪式
	源溪曹	《刘文龙》*《孟姜女》*《陈州放粮》*《黄太尉》(亡佚)
	源溪金	《刘文龙》*《孟姜女》*《黄太尉》(亡佚)
	太和章	《和番记》*《玉帝记》(亡佚)《牡丹记》(亡佚)
	长垄桂	剧本亡佚,只行仪式
梅街乡	西华姚	《刘文龙》《孟姜女》
潘桥镇	邱村柯	《刘文龙》*《孟姜女》*
	星田谢、杨冲王	《摇钱记》*《刘文龙》*《陈州放粮》*
	星田潘	《刘文龙》*《孟姜女》*
	峡川柯	《刘文龙》
解放乡	元四章	《孟姜女》(部分)
棠溪乡	魁山吴	《刘文龙》*《章文显》*《刘文龙》*
	魁山韩	《孟姜女》*《刘文龙》*
敦上乡	渚湖姜	《姜太公钓鱼》
里山乡	花园巩	《郭子仪上寿》《刘文龙》
	河西毕、桂家桥	《闹新年》
	排湾徐、石头徐	《花关索》《刘文龙》

① 编者按:表中所列各乡现已作了调整,其中刘街乡、梅街乡、潘桥镇并入梅街镇;解放乡、里山乡并入里山街道办事处;棠溪乡改为棠溪镇;墩上乡、茅坦乡并入墩上街道办事处;清溪乡改为清溪街道办事处;马牙乡改为马衙街道办事处。

续　表

乡	自然村	演出剧目
清溪乡	清溪程	《刘文龙》《孟姜女》(唱高腔,曲牌体)
	碧崖江　楝树檀　岭上舒	《刘文龙》《孟姜女送寒衣》《阴阳告状》(章文选)
	水宕胡　西湾舒　杨家畈	《宋仁宗不认母》《刘文龙》*《孟姜女》*
	上清溪康家	《孟姜女》
	黄山叶	《花关索》
	张村汪	《薛仁贵征东》
茅坦乡	茅坦杜　柏桥胡	《刘文龙》(高腔)
	钱家垅	《王东辉进京》(亡佚)
马牙乡	茶山金	《刘文龙》《孟姜女》
	黄家店	《包公犁田》

（有*号者1983年后恢复演出）

从表3-1中可以看出，20世纪末池州可统计出的剧目达23种，其中《宋仁宗不认母》《摇钱记》《姜太公钓鱼》《郭子仪上寿》《包公犁田》《闹新年》《黄太尉》《玉帝记》《牡丹记》《王东辉进京》《阴阳告状》《孟姜女送寒衣》等剧目因剧本亡佚而辍演，余11种恢复演出。20世纪末，王兆乾先生对此11种现存剧本进行辑校，编成《安徽贵池傩戏剧本选》一书，由台湾施合郑民俗文化基金出版，为《民俗曲艺丛书》之一。现存的11种剧本按照故事内容又可分为四大类：“刘家戏”①三种，即《刘文龙赶考》《刘文龙》《和番记》；“范家戏”②三种，即《寻夫记》《范杞良》《孟姜女寻夫记》；“包家戏”③三种，即《陈州粜米记》《章文显》《章文选》；其他两种，即《花关索》《薛仁贵征东》。

① 即演绎刘文龙故事的戏，民间称之为“刘家戏”。

② 即演绎孟姜女故事的戏，孟姜女丈夫名为范杞良，古代女子出嫁后从夫姓，故民间称之为“范家戏”。

③ 即演绎包拯断案故事的戏，民间称之为“包家戏”。

（一）刘家戏

1. 南山刘《刘文龙赶考》

《刘文龙赶考》（下称《赶考》）系梅街镇南山刘宗族搬演的传统剧目。该剧以“出”的形式陈述，共23出。其大意为：刘世德祖宗七代行善，阴功浩大，被玉皇大帝知道后，派文曲星君下凡将刘文龙的凡心换为文曲灵心，指点文章助其考取科举，又派九天玄女下凡教他武功韬略，以备日后平番。刘文龙攻书期间又得土地公的保护，没被狐狸精迷惑。刘文龙辞别父亲、妻子之后，与宋中同去赴考，于清风亭遇檀白、戚黑，四人同行。后来，文龙高中状元，入翰林院，加封太子太保。恰逢回王扰境，灵帝派遣他西行退敌，得胜还朝，连升三级，升任西川提调都督，赐尚方宝剑，对三品以下官员有先斩后奏之权。刘文龙早就听说西川贪官庸吏横行，便对西川前来迎接的中军说了“十不许”“十斩”，张挂诸州。然后借报恩寺还愿为由只身私访诸州县。雁门关上刘文龙探得民情，到任后举荐经大、经二，并结为兄弟，惩罚了贪官污吏，赢得声誉。与此同时，妻子萧氏在家对公婆尽孝、为丈夫守节，贫穷度日，备尝艰辛。又逢吉婆前来逼婚，气得刘公病倒，萧氏为救公公，发愿割股，感动观世音，派铁拐李下凡卖药救人，点化萧氏。刘文龙此时上表朝廷乞归，到家后问明情况，将宋中发往定州府问罪。夫妻团聚，父子相认，此时金星前来惩治宋中、吉婆，整个故事结束。

《赶考》兼融了儒、佛、道等宗教的合理内核，通过佛教的“因果报应”理论和道教阴骘思想来表现儒教的忠孝节烈思想，具有较强的艺术性和审美功能。

池州傩《刘文龙》剧照

2. 荡里姚《刘文龙》

《刘文龙》系梅街镇荡里姚等宗族搬演的传统剧目，其他宗族如梅街镇的西华姚、南边姚、风玲刘、奄门刘、立山刘、茶溪汪、双龙汪、源溪曹、源溪金、邱村柯、峡川柯、星田潘，棠溪镇的魁山吴、魁山韩等也搬演此剧。该剧目以“出”的形式陈述，共13出。其大意为：汉灵帝时，邓州南阳县书生刘文龙寒窗苦读，进京赶考。辞别双亲，由刚成亲三日的妻子萧氏送至洗马河边，赠予信物后分别。后来，刘文龙高中状元，先后担任吴州知县、郑州佥判、王宫教授各三年。番人扰境，灵帝命他前往燕州和番，九年而返，升任西川提点。与此同时，妻子萧氏在家对公婆尽孝，为丈夫守节，贫穷度日，备尝艰辛。刘文龙昔日同窗宋中落榜，见萧氏貌美，便心生邪念，串通吉婆。一日，吉婆因受宋中恐吓，又夜闻萧氏啼哭不已，便前往刘家声称刘文龙已死，劝萧氏改嫁宋中，萧氏不允。他日，宋中便派吉婆与张信前来讨债（刘文龙赶考时曾借银三千贯），被刘公赶走。宋中气急败坏，便与吉婆等人商议强下聘礼，前去抢婚，但被回家报信的王兴阻拦，发生争执。萧氏伤心欲绝时在洗马河畔遇土地公公，便询问刘文龙的消息，神明托梦与刘文龙。刘文龙得了三梦：“第一梦，浅水滩头鱼露背；第二梦，两池清水一池干；第三梦，牡丹花谢一枝鲜。”[①]刘文龙不解，于是请张半仙（神仙化身）解梦，半仙曰：“浅水滩头鱼露背，想必爹娘早晚看。相公不可贪官职，不如及早便回还。两池清水一池干，娘子家中泪涟涟。相公不可贪官职，不如及早便回还。牡丹花谢一枝鲜，娘子家中望相公。只怕媒人来说话，三朝改嫁别人边。”[②]规劝刘文龙早还家。刘文龙立刻上表告还，宿于吉婆店中，探得家中情况，不动声色，将珍珠一包、诗一首，托于吉婆送为贺礼。婚宴上，刘公见远方客如此大礼，便邀吃酒，相见后真相大白，夫妻团聚，父子相认。此时，神仙驾临，斩了宋中和吉婆，携文龙和萧氏归列仙班。

该剧具有较强的现实感，既没有神话色彩，力求三教思想的合流，也不具有儒教的节烈思想，仅是以“闲话故事”的语言色彩来叙述一个普通读书人十年苦读、千里求官、家中变节近20年的传奇故事。

3.太和章《和番记》

《和番记》系梅街镇太和章特有的传统剧目。该剧以“出”的形式陈述，共28出。其大意为：汉灵帝时，邓州南阳书生刘文龙（字希璧），娶妻萧氏方三日，在其父寿宴时听取李夒意见，便辞亲别妻赴京赶考。分别之际，妻子萧氏于洗马河边赠刘文龙一半菱花镜、一枝金钗和一只丝鞋三件信物。同窗宋中于寿宴之上见萧氏貌美，便起觊觎之心，宴后朝思暮想。在出发之时佯做友善，借银三千贯助刘文龙赴试，暗中却央请吉婆从中撮合婚姻。刘文龙一举得中状元（李夒为第二名，宋中落第），驰书回报，一家欢喜。恰时，不料西番兴兵犯境，汉灵帝听取黄门给事张纲的建议，任命刘文龙及同科进士李夒为正副奉使出使西番安邦。在西番，刘文龙威武不屈，坚守操节，加之才华横溢，获得番人尊敬，且得单于喜爱，被强招为婿。刘文龙不从，苦辞不掉，听取李夒暂行韬晦之计，只得允婚，羁留异乡一十八载，赢得两国相安。宋中见刘文龙久出不归，谎言刘文龙身死异邦，借逼债为由，

① 王兆乾：《安徽贵池傩戏剧本选》，台北施合郑民俗文化研究基金会1995年版，第96页。

② 王兆乾：《安徽贵池傩戏剧本选》，台北施合郑民俗文化研究基金会1995年版，第97页。

串通吉婆，欲强娶萧氏，公公且又逼嫁。萧氏坚拒之，投水以明志，得金星搭救，并得知刘文龙不日将归。一日中秋，刘文龙、李夔趁单于围猎之际逃回，汉灵帝嘉其忠节，耀升他为“西川按抚，五十四州都点之职”，限三日赴任。刘文龙得金星托梦，知家境窘迫，上表辞归养亲，归途投宿吉婆店，隐身探明原委。在宋中强办的婚宴上与萧氏妻验明三件信物，夫妻团圆，父子相认。宋中、吉婆被送官受到严惩。此时，皇帝圣旨到，封刘文龙为都亭侯，食禄二千石，妻萧氏为一品夫人，父刘璋为南阳郡侯，母张氏追封为南阳郡夫人。

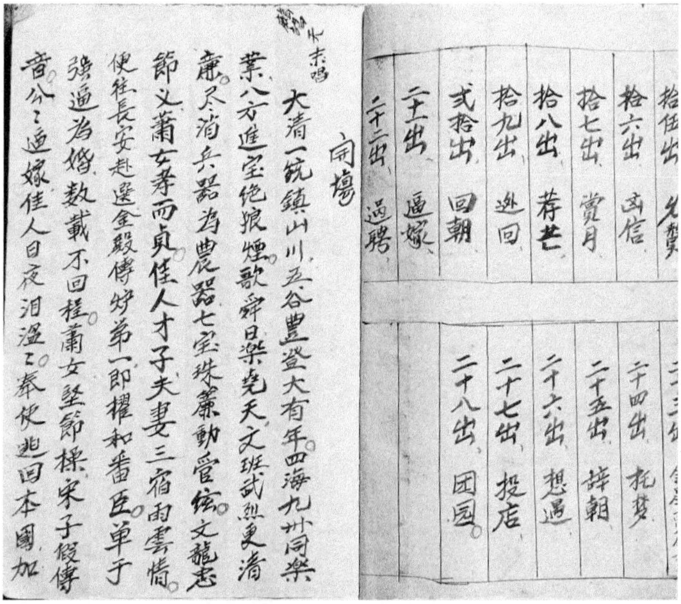
同場
大清一統鎮山川，五谷豐登大有年，四海九州同樂業，八方進呈絕狼煙，歌舜日樂堯天，文斑武烈更清廉，尽消兵器為農器，七寶珠簾動管弦。文龍忠節，义蕭女孝而貞，佳人才子，夫妻三宿雨雲情，便往長安赴選，金殿傳妙第一郎，權和番臣单于強逼為婚，數載不回程，蕭女堅節操，宋子假傳音，公公逼嫁，佳人日夜泪溢溢，奉使逃回本國加

拾伍出　……
拾六出　凶信
拾七出　賞月
拾八出　荐芒
拾九出　逃回
貳拾出　回朝
二十一出　逼嫁
二十二出　遇聘
二十四出　托夢
二十五出　辞朝
二十六出　想遇
二十七出　投店
二十八出　团圆

池州傩戏《和番记》剧本

池州傩戏《和番记》剧照

该剧采用两条线索安排剧情，一是叙刘文龙赴考，出使番邦并荣归；二是叙其妻萧氏如何在家孝敬公婆、思念文龙，抗拒宋中逼婚[①]。主体框架按“文龙娶妻（庆寿）”—“赴京赶考”—“出使和番”—“萧氏守节”—“文龙被封”—“一家团圆”顺序展开[②]。

（二）范家戏

1.荡里姚《孟姜女》

《孟姜女》系梅街镇荡里姚宗族搬演的传统剧目，其他宗族如梅街镇的南边姚、南山刘、风玲刘、奄门刘、立山刘、茶溪汪、双龙汪、源溪曹、源溪金、西华姚、邱村柯、星田潘，棠溪镇的魁山韩等也搬演此剧。该剧目以“出”的形式陈述，共14出。其大意为：秦始皇时期，一日，大梁书生范杞良在街上见皇榜招军筑长城，榜上有其名，坐待官差拿人。官差到后，范杞良试图贿赂不成，被迫上路。途中对家中老母放心不下，趁官差不注意，逃至梁县白塔乡许家庄，躲在池边的一棵柳树上。恰逢孟姜女浴于池塘，因孟姜女“在泗州堂发愿，见奴身体便成双”，遂以柳树为媒与范杞良结成夫妇。官差陈放刁得知范杞良逃走后前来追捕，途中路过杨婆店占得一卦，得知范

① 参见王平：《贵池傩戏剧目研究》，安徽大学硕士学位论文，2002年。

② 参见廖雯：《贵池傩戏功能浅析——以傩戏〈刘文龙〉为例》，《北方文学》，2010年第6期。

杞良已成婚于许家庄，于是前去拿人。范杞良被迫与成婚三日的孟姜女分别，前往北方修筑长城。八月间，范杞良修书回家索要寒衣，孟姜女召集左邻右舍帮忙赶制，但寒衣制成了却无人前去送衣。无奈之下，孟姜女决定亲自送寒衣去长城，小姑将孟姜女送至铁板桥后，只身而返，孟姜女一人独行。一路上她经历了许多磨难，冒风霜夜宿泗州堂，过关卡搜检澄清白，六罗山遇强盗认叔，求卜问卦知夫丧，狐王庙中遇神明，扶扬镇检渡过湘江，遇山虎逢白蛇神明救助，斋僧馆化缘被调戏，最终在太白金星的指引下，来到长城。但是左右寻不见丈夫，方知范杞良已死，孟姜女悲愤至极，哀哭感天动地，土地公公带领众小鬼合力推倒长城。孟姜女用滴血入骨之法，在万骨塘中寻出她的范郎。

池州傩戏《孟姜女》

《孟姜女》以孟姜女拾得夫骨团圆作为结局，这是一种儒教的结局，重点宣扬了儒教的孝节思想。

2. 南山刘《范杞良》

《范杞良》系池州刘氏宗族搬演的传统剧目。该剧以“出”的形式陈述，共6出，仅第四出、第五出有剧名，分别为《范良招亲》《捉范良》，余皆无名。其大意为：秦始皇时期，大梁书生范杞良一日逛街，见皇榜招军筑长城，榜上有其名，坐待乡官拿人，乡官令其辞亲上路。乡官招得粜米的张三、行教的李四以及打鱼的、砍樵的、种田的等形形色色的人物，任命官差陈放刁为甲首，押解52人去修筑长城。杞良在途中思念家中老母，放心不下，逃至梁县白塔乡许家庄，躲在池边的一棵柳树上。恰逢孟姜女（该戏中的孟姜女为仙女，思凡被贬）浴于池塘，因孟姜女“在泗州堂发愿，见奴身体便成双”，遂以柳树为媒与范杞良结成夫妇。甲首陈放刁得知范杞良逃走后前来追捕，探得其成婚于许家庄，前去拿人。范杞良无奈，被迫与成婚三日的孟姜女分别，前往北方修筑长城。八月间，范杞良修书回家索要寒衣，孟姜女召集左邻右舍赶制，但却无人前去送衣。无奈之下，孟姜女由小姑相送一程，决定亲自送寒衣去长城。一路上她冒风霜夜宿泗州堂，六罗山遇强盗认叔，扶扬镇求卜问卦知夫丧，过关卡检渡过湘江，关王庙中遇神明，蛇王庙中神仙救，斋僧馆化缘被调戏，最终在太白金星的指引下，来到长城。蒙恬将军贪图孟姜女美色，逼其唱“十二月贤人”歌，不成便强娶。孟姜女唱完后得允寻夫，四门寻夫不着，方知范杞良已死，孟姜女悲愤至极，哀哭感天动地，太白金星派土地公公带领众小鬼推倒长城。孟姜女用滴血入骨之法，在万骨塘中寻出范杞良。此时太白金星驾临，点化孟姜女，引孟姜女归列仙班。

《范杞良》以孟姜女被太白金星招回天上做了神仙作为结局，这是一种道教的结局，重点宣扬了道教的旌孝思想。

3.南山刘《孟姜女寻夫记》

《孟姜女寻夫记》系梅街镇南山刘宗族搬演的传统剧目。该剧以“出”的形式陈述，共40出，每一出都没有剧名。剧情大意为：秦始皇下诏招役夫修筑长城，乡官和社长一番讨论后，点了范杞良的名字，便来范家请人。新春过后不久，范杞良辞亲上路，途中因思念家中老母，放心不下，逃至梁县白塔乡许家庄，躲在池边一棵柳树上。恰逢孟姜女浴于池塘，因孟姜女“在泗州堂发愿，见奴身体便成双”，遂以柳树为媒与范杞良结成夫妇。征得许家父母同意后，夫妇二人返回范家侍奉双亲，但被赶来捉人的官差带走，此时蒙恬将军点兵不见范杞良，欲杀之，众人求情得免。修城期间，范杞良积劳成疾，病重而死。天寒时，孟姜女欲制作寒衣送与丈夫，却无人前去送衣。无奈之下，孟姜女由小姑相送一程，亲自送寒衣去长城，行至铁板桥时，小姑只身而返，孟姜女一人独行。一路上她冒风霜夜宿泗州堂，六罗山遇强盗认叔，扶扬镇求卜问卦知夫丧，过关卡检渡过湘江，关王庙中遇神明，蛇王庙中神仙救，斋僧馆化缘被调戏，最终在太白金星的指引下，来到长城。寻夫不着，方知范杞良已死，孟姜女悲愤至极，哀哭感天动地，太白金星派土地公公带领众小鬼推倒长城。孟姜女用滴血入骨之法，在万骨塘中寻出范杞良。此事被秦始皇得知，下诏宣孟姜女进宫，孟姜女忠贞不奉诏，携夫骨魂断湘江水。秦始皇得知后被感动，停筑城墙，遣散伕丁，下令蒙恬将军打捞尸骨，在江头立庙，永享春秋二祭。此时，土地公公安排夫妇二人魂魄回家托梦，范杞良的母亲和妹妹醒来后，先后痛哭去世，城隍老爷上奏天庭，玉皇大帝安排他们在阴间相逢，一家四口大团圆。

《孟姜女寻夫记》以秦始皇宣召、孟姜女不从、跳水自杀作为结局，重点宣扬了儒教的节烈思想，与此同时，玉皇大帝特地安排范杞良一家人在阴间获得团圆，从而又宣扬了道教的旌孝思想，这是一种儒教加道教的结局。

（三）包家戏

1. 东山吴《章文显》

《章文显》系棠溪镇东山吴宗族搬演的传统剧目。该剧以“出”的形式陈述，共10出，其中第一出、第三出、第四出均无剧名。

池州傩戏《章文显》剧照

剧情大意为：宋仁宗时期，秀才章文显游街嬉戏，遇见仁宗皇帝大开南选，广招天下读书秀才，便向妻子刘氏提出赴考。刘氏列举先贤事迹，要求陪同，章文显只好应允。途中借宿入住杨公店。次日章文显拜访同乡李知县，捎去家书、嘘寒问暖，得到李知县的款待。因刘氏生得貌美，杨公提醒刘氏不要外出，以免被皇亲鲁王发现，抢去做小。一日，鲁王游街发现了在杨公店后花园里的刘氏，被刘氏的貌美多姿所吸引，顿起邪念，企图霸占。于是，鲁王威胁杨公做媒，杨公无奈向刘氏一一说明，刘氏为解杨公的麻烦，甘愿前往鲁王府说理。在鲁王府，刘氏忠贞不屈，激怒鲁王，被活活打死，杨公连忙向章文显报信。章文显遭此不幸，上告李知县，李知县官小不敢断案，只好上告到开封府。开封府的包大人包拯命张龙、赵虎前去捉拿鲁王治罪，可惜二人事泄被杀，托梦与包公。包公改派薛霸、董超二人通知郑州杨知府、张通判、李知县三人，限他三人如期捉拿鲁王。三官巧设美人计，在鲁王赴宴的时候将其灌醉，绑送至开封府。包公断案，将鲁王活活烧死。然后，包公上奏仁宗皇帝，陈明事情原委，又借得皇家“温凉帽”，救得刘氏还魂。章文显夫妻团圆，玉帝差仙家引渡章文显夫妇归赴仙坛。

2. 荡里姚《陈州散粮》

《陈州散粮》又称《陈州粜米记》，系梅街镇荡里姚宗族搬演的传统剧目。该剧以“断”的形式陈述，共5断，每一断没有剧名。剧情大意为：宋朝仁宗年间，陈州三年大旱，“三停饿死二停人”[①]，朝廷拨发十万军粮赈济饥民。但前往陈州“监仓果米”的侯文异、“管理斗升”的赵皇亲、“封府之人”马孔目等人，乃皇亲国戚，他们依仗权势，贪脏枉法，“三十贯钱粜斗米，有稻糠粃占二停”[②]，引起百姓公愤，于是他们推举出“百十公公耆父老”[③]觐见皇帝，要求“别换监仓果米人”[④]。无奈朝中无人敢得罪权贵，此时青州王丞相推举正在东京普照寺“学修行”的包拯，并亲自前往相请。王丞相向包拯面授机宜，于是包拯出山，并向仁宗提出要“八般法物”“十个保人”等要求，仁宗一一答应。当包拯前往陈州的队伍行到十字街头时，遇正宫曹皇后、偏宫张皇后去东岳庙进香，包拯认为这是朝廷“法度不正”之事，有违礼仪，于是命人“夺下黄罗销金伞，吓杀宫娥彩女人”[⑤]。张皇后哭诉于仁宗，包拯赶来据理力争，最后皇帝不得不下旨，曹、张二皇后各罚黄金若干，包拯依旧前去粜米。

（四）《花关索》和《薛仁贵征东》

《花关索》和《薛仁贵征东》两出戏也源于明代说唱词话，它们在“成化本”中分别是《新刊全相说唱足本花关索传》（简称《花关索传》）、《新刊全相薛仁贵跨海征辽故事》（简称《跨海征辽》）。《花关索》搬演的是汉末关云长之子花关索的故事，《薛仁贵征东》搬演的是唐太宗时期薛仁贵应诏出征辽东平定叛乱的故事。

《花关索》剧本今存里山街道办事处排湾村徐姓清代藏本。其大意为：汉末天下大乱，刘、关、张桃园结义，相约要做一番大事业。三兄弟为防止

---

① 王兆乾：《安徽贵池傩戏剧本选》，台北施合郑民俗文化研究基金会1995年版，第326页。

② 王兆乾：《安徽贵池傩戏剧本选》，台北施合郑民俗文化研究基金会1995年版，第326页。

③ 王兆乾：《安徽贵池傩戏剧本选》，台北施合郑民俗文化研究基金会1995年版，第327页。

④ 王兆乾：《安徽贵池傩戏剧本选》，台北施合郑民俗文化研究基金会1995年版，第327页。

⑤ 王兆乾：《安徽贵池傩戏剧本选》，台北施合郑民俗文化研究基金会1995年版，第334页。

"回心散约"，则"彼此换杀老小"[①]。张飞往蒲州关羽家杀死十八口人，因"一刀不伤二命"的约定，放走了怀孕在身的胡氏金定，当胡氏返回娘家，产下一男孩。此儿七岁那年，蒲州知州为感谢上天风调雨顺办了一场花灯会，花灯会上此儿不慎走失，为索老所捡。神仙花岳师算得此儿在索家庄，前来点化，带回山上学艺。九年后，此儿"学成文武艺"，并得九龙之力，被师父遣回家认祖归宗，沿途收服太行山下草寇许霸山、赵拿云等。回到母亲身边后，其母为纪念师父花神仙、恩人索老，为其取名"花关索"，与此同时，花关索决定带领全家去西川寻找父亲关羽。去西川过程中，花关索经鲍家庄、楼檀大寨，战胜鲍三娘、王桃、王月三位女将，并娶她们为妻。当行至荆州界时，正遇见被长沙郡王韩玄派来盗关羽宝刀宝马的姚兵，花关索便一举擒获之，与正追赶来的张飞相认，同往关羽帐下，全家团圆，关羽将他们介绍给先主刘备，于是皆大欢喜。

该戏以"出"的形式陈述，共19出，每一出都没有剧名，主要涉及了儒教和道教。如关云长桃园结义，花关索认母认父，花关索为朝廷招安以及并娶三妻（含有为三家续后之意）等，反映了儒教的忠义、孝道等观念。道教以神仙花岳师为代表，花岳师收花关索为徒弟，并传艺于他，用花岳师的话说是"日后西川认父，扶助江山，多少是好"[②]，反映了道教兼济天下、以天下苍生为己任的理想，花关索学习道教的武艺，又被其师遣回人间认祖归宗，佐父匡扶天下，正是这一理想的具体执行者。戏中之所以选择汉末西川关云长作为花关索的父亲，是因为汉末西川是道教的发源地，以花关索去西川认父来隐喻道教的复归思想。花关索出身于道教，又去道教的故乡认父，体现了道教的复归思想，表达了道教以复归思想治理天下的理想，而这正是汉初的黄老无为政治。因而，《花关索》是对东汉末年的道教和汉初黄老无为政治的一种演绎[③]。

① 王兆乾：《安徽贵池傩戏剧本选》，台北施合郑民俗文化研究基金会1995年版，第339页。

② 王兆乾：《安徽贵池傩戏剧本选》，台北施合郑民俗文化研究基金会1995年版，第344页。

③ 参见何根海，丁希勤：《安徽贵池傩戏剧本的宗教文化思想探微》，《安徽史学》，2011年第4期。

《薛仁贵征东》（又名《打虎》）剧本今存清溪街道办事处张村汪姓清代抄本。该戏以“出”的形式陈述，共16出。其大意为：唐太宗年间，伯齐国伯牙太子为还父愿，差手下昌黑非向太宗皇帝进贡“三般宝贝”，途中为高丽国猛将葛苏文扣押，并用“火笔”在昌黑非脸上、背上题诗辱骂太宗，后放他去唐朝。唐太宗大怒，要发兵攻打高丽，房玄龄劝阻，但不奏效，唯有积极备战。老将胡敬德与秦叔宝为争先锋，在大殿上托石狮。胡敬德托起石狮走了三遭，而秦叔宝不成功反而受伤吐血，于是唐太宗任命胡敬德为先锋，委以保驾。一日，唐太宗夜梦“白袍小将”以三箭击落三支飞刀，并救自己于淤泥河中，徐茂公为之拆梦，决定去绛州招军。绛州龙门人薛仁贵文武双全，见皇榜便与妻子柳金定商量从军，其妻勉励之。薛仁贵投至州官张仕贵帐下，展露武艺，为张所嫉，将其赶走。薛仁贵返家途中撞见回朝复命的徐茂公，被茂公所乘宝马发现，恰时出现猛虎拦路，被薛仁贵降服，徐茂公见其是个人才，便带回张仕贵军中，做了个“火头军”。薛仁贵在军中百般效力，却仍遭张仕贵妒忌，欲除之而后快。一日，作反之人混天董达前来挑衅，张仕贵派薛仁贵迎敌，欲坐收渔翁之利，谁知薛仁贵杀了董达，夺其兵器，立了大功。东征辽东途中，薛仁贵摆龙门阵，谋划“瞒天过海”之计渡太宗过海，作“平辽论”，但这些都为张仕贵冒功。后经太宗查实，为薛仁贵恢复名誉，并赐其恩荣，合家团圆。

（五）辍演剧目文本

前述池州傩戏正戏剧目达23种，除上述11种外，多亡佚或失演，仅知其名，剧情不详。20世纪80年代末，贵池县开展了境内戏曲文化的调研普查，调研得知在亡佚或辍演的12种傩戏剧目里尚有以下3种剧目略知梗概，兹述如下[①]：

《摇钱记》又名《摆花张四姐》。剧情是：书生崔文瑞因遭祸，家贫如

① 参见贵池戏曲志编辑室：《贵池戏曲史料集》（内部资料），1989年编印，池州学院图书馆藏本，第19页。

洗，母子居破庙行乞度日。玉帝四女张四姐下凡，爱上崔文瑞并与其结为夫妻。四姐手拿金钗施法，立刻现出楼台花厅，庭前栽有摇钱树两棵："若要把它摇一下，地上铜钱三尺深。"富豪黄员外闻此，心生歹计，假意请崔文瑞赴宴，诓至家中，诬崔为盗，送到官府。守备受贿，将崔关押。四姐闹到官府，守备诬她是妖精作怪，报上开封包公。包公请呼、杨两家众将捉拿，皆战败。包公乃睡还魂床上，先后到阴曹地府、东海龙王和西天如来佛、南天李老君处查询，未获真情。又见玉帝，遍查无着，终于在王母娘娘处，发现四姐下凡。玉帝派天兵天将捉拿，四姐身带收魂瓶、钻天帽、入地鞋，将火龙太子、哪吒和孙行者都击败。最后，玉帝只得请王母娘娘率众姐妹下凡劝说，四姐带领丈夫崔文瑞和婆母一同上天。玉帝封崔文瑞为李老君，封其母为太阳婆婆。此剧只有梅街镇铺庄村谢、杨二姓专演，新中国成立后即辍演，现铺庄谢姓藏有手抄本。共分24出，说白较少，大多为七字齐言体唱词，有的说白也用七字句，叙述体说唱色彩较浓。另据观看当时演出者介绍，此剧尚有玉帝派人到斗牛宫清查时，众姐妹用纸扎成四姐形象蒙混，清查者烧火一团，要众姐妹跳火圈而被识破的情节。现存手抄本中无此情节。

《宋仁宗不认母》剧本毁于"文革"期间，然据清溪街道办事处杨家畈村杨家银回忆该唱本开始的唱词和中间部分的唱词，与"成化本"比较，可以肯定该本与《仁宗认母传》取材一致，叙包公为仁宗皇帝找回流落桑林镇的生母李妃之故事[①]。

《包公犁田》黄家店汪姓家族有藏本。从剧目名称看，此剧当与"成化本"中《包待制出身传》同叙一个故事，内容涉及包公幼时因长相丑陋，为家中人不喜欢，大年三十仍被差去耕田之事。

总体上看，虽辍演不少剧目，但目前搬演的傩戏剧目内涵仍颇为丰富，同一故事内容也有不同的版本。究其因有二：一是不同的家族会把不同的诉求（宗族文化、宗教信仰）融入剧本，使得同一种傩戏剧目有不同的版本、不同的中心思想，有的剧目内容甚至成了家族价值取向的载体，如南山刘氏

① 参见王平:《贵池傩戏剧目研究》,安徽大学硕士学位论文,2002年。

就在《寻夫记》中把乡官演为净角，带有明显的贬义色彩。二是明中叶后，南戏和说唱词话入傩过程中，宗族文人的编剧会产生细微出入在所难免，且宗族间不交流傩戏，长此以往，便形成了今天所见的不同版本。

二、傩戏音乐

傩戏音乐，包括声腔与伴奏锣鼓两部分。声腔分傩腔、高腔两大类。伴奏锣鼓有“唱腔锣鼓”和“动作锣鼓”。傩腔演唱的发声方式，采用本嗓（即真嗓），而高腔演唱的发声方式，则采用本嗓和小嗓（即假嗓）兼顾并用的方式。傩戏伴奏无丝弦乐器，仅以锣鼓助节、人声帮腔的方式进行搬演。

（一）傩腔

池州傩腔独具地域特色，乡土气息浓郁，属花腔小调。其旋律质朴流畅，腔调风格各异，丰富多彩，有近百种之多，主要以当地的村歌俚曲为主，包括山歌、号子和采茶调。个别傩戏会社，还吸收有当时流行于沿淮一带的“凤阳花鼓调”。

池州傩腔唱词以齐言体为主，主要有两种句式结构：一为拂舞歌诗体，以《孟姜女》《刘文龙》等剧本的唱词为代表。这种说唱体唱词的词格为四句反复的方块型结构，起句为两个三言，承、转、合三句均为七言。如东山吴《范杞良》抄本第三出：“身姓许（三言），号孟姜（三言），家住梁园白塔乡（七言）。自小娘房学针线（七言），三条大愿允才郎（七言）。”东山吴吴荣森手抄本《刘文龙》：“香阁里（三言），二九年（三言），婚嫁文龙刘解元（七言）。夫妻三宿同罗帐（七言），恩情未久去求官（七言）。”二为说唱词话体。说唱词话是以说与唱为手段，向听众叙述人物故事的艺术形式。此类以《陈州放粮》剧本唱词为代表，唱词句式皆为七言，音韵上句叶仄韵，下句叶平韵。语句如“自从盘古分天地，三皇五帝到如今”。

池州傩腔曲式结构一般是由呼应式二乐句和由起、承、转、合的四乐句组成的单段体。常见的音列形式有5种组合，即（1）羽宫音组，羽一徵一角一商一宫；（2）角商音组，角一商一宫一羽一商；（3）羽角音组，羽一徵一商一角；（4）商羽音组，商一宫一徵一羽；（5）徵角音组，徵一宫一商一角。

谱1 《深深拜》傩腔谱①

深深拜

姚家本　姚有光唱　孟凡玉记

（二）高腔

高腔，是南戏体系中的弋阳腔、余姚腔、太平腔、青阳腔、徽州腔、乐平等腔的泛称，同时与目连戏的声腔有着千丝万缕的联系，系较为成熟的曲牌体，是池州傩戏中主要的声腔类型之一。太和章、姚村的傩戏演出以高腔为主，南边姚、东山韩也有部分高腔。

池州傩戏中的高腔与曾风靡天下的青阳腔同宗同源，也可能是青阳腔回传之后在傩戏里的遗存，其音调高亢粗犷，音域宽广旋律起伏跌宕，节奏自由，多为散板，演唱难度较大，保留了青阳腔一唱众和的传统演唱形式。池州傩高腔常用调式以中国五声调式中的商、羽调式为主，间或有清角、变宫、变徵的运用。高腔音乐主要属于曲牌体，现有抄本曲牌有［鹧鸪天］［瑞鹤仙］［字字双］［满庭芳］［一剪梅］［四块玉］［锦堂月］［普贤歌］［清江引］［驻云飞］［金蕉叶］［香柳娘］［紫苏丸］［山花子］［玉抱肚］［朝中措］［三唤头］［菊花新］［天下乐］［红罗袄］［缑山月］［玉玛瑙］

① 参见孟凡玉：《假面真情——安徽贵池荡里姚傩仪式音乐的人类学研究》，中国艺术研究院博士学位论文，2007年。

[玉楼春][地锦裆][挣挫儿][不是路][桂枝香][十二时][黄莺儿][胜葫芦][高阳台][忆秦娥][四朝元][浪淘沙][生查子][雁鱼锦][滚调][二犯傍妆台][神仗儿][滴溜子][菩萨蛮][出坠子][点绛唇][一封书][山坡羊][解三酲][懒画眉][侥侥令][粉蝶儿][金钱花][风入松]等50余支，腔词之间的结构特点一般呈现为“腔多字少”“腔长字稀”。曲调既高亢激昂，又委婉清新。

谱例2　茅坦杜《刘文龙赶考》“雕鞍骏马”唱段①

雕鞍骏马

杜国斌演唱　纪明庭记谱

(三)伴奏音乐

池州傩戏、傩舞的伴奏无丝弦乐器，采用的是传统打击乐器。打击乐器有大鼓、堂鼓、板鼓、牙子（俗称扎板）、筛金（俗称开锣）、大锣、小锣、铙钹、小钹以及佛事用的木鱼、磬等。常用的锣鼓点有“长槌”“短槌”“闪槌”“紧槌”“阴阳槌”“正工尺”“反工尺”“大批水”“小批水”“四门净”“水底鱼”等。同一锣鼓点运用在不同傩戏、傩舞中，打法还有正击、边击、重击、轻击、快击、慢击和闷击等变化。

① 参见王义彬：《池州傩戏艺术及其文化研究》，福建师范大学博士学位论文，2004年。

傩戏、傩舞的伴奏由“唱腔锣鼓”和“动作锣鼓”担负。“唱腔锣鼓”的功能主要是用于傩戏的启腔、过门连接和托腔。锣鼓与唱腔同节奏进行时，称“靠腔锣鼓”或“托腔锣鼓”。“动作锣鼓”的作用主要是配合傩戏、傩舞搬演者的身段和舞蹈动作。

第四章　池州傩搬演场地与道具

池州傩在宗族内传承，在“社”的范围内活动，以驱邪逐疫、祈福纳祥为目的。因此，池州的傩事活动空间便与“社”、宗族密切相关。本章简要介绍池州傩搬演场地、舞台装置与表演道具，侧面展示池州傩的多方面非遗文化内涵。

第一节　搬演场地

池州各宗族的傩事活动以“会”的形式组织，均在“社”的范围内展开活动。宗族开展不同的傩事活动，选择不同的搬演场地。概括起来，主要在以下两类空间展演。

一、水口、社坛与社庙

皖南山区的传统村落多是“卜地而居”，即古人十分重视选择好的阳基地址营建村落。“自古贤人之居，必相其阴阳向背，察其山川形势”①。理想的聚落选址模式如《阳宅集成》所提出的，“阳宅须教择地形，背山面水称人心。山有来龙昂秀发，水须围抱作环形，明堂宽大斯为福，水口收藏积万金”②。从这里可以看出，水口是传统村落选址布局必须考虑的重要因素。水口即水流进出村落的起点和终点，一般分为上水口和下水口，在风水学说中水也是财富的象征，因而宗族对于水口十分重视。水口左右宜有山峰把守门户，使地气不致外流。“凡一乡一村，必有一源水，水去处若有高峰大山，交牙关锁，重叠周密，不见水去……其中必有大贵之地……水口之山，欲高而大，欲拱而塞，此皆言形势之妙也。”③若水口的地理有不完善处，往往尽量补造维护，以避免水口过于空旷，风水学说讲求障空补缺，宗族往往会在水口处广植树木，营建亭落、台阁、庙宇、文塔等景观，增添关锁作用。可以说，水口既是村落聚气束财之处，也是村落的进出口之地，进入水口便进入了村落的空间范围。池州傩乡村落便是如此，梅街镇的刘街社区、源溪村、和平村以及棠溪镇的东山村等行政村内的演傩村落多聚山区，凡村落必有水口，各族姓开展傩事活动时常在水口处的社坛、社庙启圣，迎请、恭送各路神灵进入村落观戏。

---

①〔清〕汪锦云等修：乾隆《汪氏义门世谱》卷首《东岸家谱序》，清乾隆三十六年(1771)木活字印本。

②〔清〕姚延銮辑：《阳宅集成》卷一《基形法·丹经口诀》，清乾隆十七年(1752)刊本。

③〔清〕汪志伊：《地学简明》，转引自陆林等著：《徽州村落》，安徽人民出版社2005年版，第80页。

刘街社区岸门刘水口

“社”本指土地神，属于官方祭祀范围，各府县城内都设有社稷坛，由地方长官主持祭祀。皖南民间立社在宋代开始普遍出现。明清时期社与里甲制度相结合，里社成为一种基层自治组织。明洪武八年（1375），诏天下乡民立社，规定：“凡各处乡村人民，每里一百户内，立坛一所，祀五土五谷之神，专为祈祷雨旸时若，五谷丰登。每岁一户轮当会首，常川洁净坛场，遇春秋二社，预期率办祭物，至日约聚祭祀。……务在恭敬神明，和睦乡里，以厚风俗。”[①]嘉靖五年（1526），朝廷再次申令立社，以百户为单位，立社坛，春秋乡人祭祀会饮，设乡约推广教化、奖善罚恶，建社学、社仓，守望相助，于是各地纷纷立社。

作为基层组织，社以地缘为单位，由共处某地的若干户居民组成，但在聚族而居的乡村之中，社往往和宗族的势力范围又相重合，在有能力的条件下，宗族都会倾向于独立建社祭社，只有在村落小姓能力不足时，或者是在宗族势力相对分散的村镇中，多姓联合建社的情况才比较明显。池州傩乡的社大体如此，其组成形式本书第一章第三节已做了分析，此处不再赘述。社坛之物大如石碑、小如石块或者是石炉类等物。明中叶后，民间的社神祭祀

①《皇明制书》卷二《洪武礼制·祭祀仪礼》，明镇江府丹徒县刻本。转引自陈宝良：《明代社会生活史》，中国社会科学出版社2004年版，第548页。

出现具象化的趋势，即“易坛以屋，而肖‘社公’之像而祀之”①。社屋实际上就是社庙，小者如村落边的土地庙，与一村一族相联系，供奉着土地神（俗称土地公或土地爷），大者如贵池的青山庙，涵盖着若干相关的村族，供奉着昭明太子、佛道神灵等。无论社坛还是社庙，在一族一社或一村一社的情况下，多在村落的水口处设置；多姓或多村共建的社，则在多姓或多村的范围内择地设置。傩乡的各傩神会在社坛、社庙举行“启圣”仪式，以及朝社或送神仪式，行傩仪、跳傩舞。

太和章傩社社坛

荡里姚傩社社庙

①〔明〕彭泽，汪舜民：弘治《徽州府志》，上海古籍书店 1982 年影印本。

二、祠堂与队屋

祠堂又称家庙，是为了祭祀先祖而建立的，祠堂里一般设有神龛，按照昭穆制度，分别摆放了先祖的神位。古制“天子七庙，三昭三穆，与太祖之庙而七。诸侯五庙，二昭二穆，与太祖之庙而五。大夫三庙，一昭一穆，与太祖之庙而三。士一庙。庶人祭于寝”①。庶民没有建庙祭祖的资格，只能于家中祭祀先人。朱熹的《家礼》卷一《通礼・祠堂》记载：“君子将营宫室，先立祠堂于正寝之东，为四龛，以奉先世神主”②。明代嘉靖十五年（1536）以后，随着朝廷对庶民祭祖和建祠条件放宽，皖南地区的祠堂开始大量出现。皖南祠堂一般为三进，由门及里循序渐进，分为门厅、享堂、寝堂三部分，面阔少则三间，多则五间、七间不等，门厅与享堂之间设有天井，门前有广场，有的门前立有照壁及牌坊，有的祠堂内还建有戏台。

梅街镇姚街姚氏宗祠

① 胡平生，陈美兰译注：《礼记・孝经》，中华书局2007年版，第87页。

②〔宋〕朱熹著，朱杰人、严佐之、刘永翔主编：《家礼》，《朱子全书》第7册，上海古籍出版社、安徽教育出版社2002年版，第875—876页。

荡里姚舞台“亮匾”

历史上池州傩乡的宗族均建有祠堂。一些宗族表演仪式性傩舞多在祠堂内天井与享堂之间的场地上进行。众多傩神会搬演傩戏本戏（正戏）多在享堂临时搭建的戏台上进行，戏台面向门厅，如梅街镇荡里姚傩神会戏台长8米，宽5米，高1.5米。惟太和章傩神会与众不同，搬演傩戏时，演出戏台是在宗族祠堂的门厅内搭建，且戏台面向祖先神位。无论戏台以何种形式搭建，都有一个共同的目的，“他们的傩戏演示，主要是属于敬奉祖先神灵，娱悦祖先神灵，祭祀祖先神灵的活动”[①]。各宗族通过傩戏的演绎，充分地表达出他们崇拜祖先、敬重祖先、祭祀祖先的情感，演出傩戏正是聚族而居的宗族社会所需要的一种祭祖敬祖的祭祀文化行为。

现今，池州傩戏大多仍在各族姓的祠堂内展演，也有一些傩神会在队屋搬演。所谓队屋即新中国成立以后开展集体经济建设时生产队的公共建筑，这种易祠为屋演出傩戏的原因在于演傩的村族祠堂已经损毁不存，而该族又无资财复建祠堂，只得在村集体时遗留下来的队屋里恢复傩戏的演出。无论是在祠堂还是队屋里演出，皆需搭建戏台，戏台装置颇为考究。台前檐与台内左右及后侧，分别挂五彩缤纷、形如网状的或飘带式的彩纸；前后台以影壁相隔，名曰“亮匾”，亮匾两侧上下场门楣上挂有绿色或红色帘子，帘子

① 王秋贵:《傩戏三型辨》,文载朱万曙,卞利主编:《戏曲·民俗·徽文化论集》,安徽大学出版社2004年版,第254页。

上方各写有“出将”“入相”牌；亮匾前置有一桌两椅，上置桌帏、椅褡，桌上摆点燃的香炉、烛台。如荡里姚戏台亮匾两侧贴楹联，上联为“古礼犹遵方相掌”，下联为“祚阶如见素王仪”，横批“共庆升平”；中堂设置于对联之间，其内容正月初七与十五不一，正月初七中堂内容为：“此日为何日，人辰是此辰。拈香来祖庙，秉烛敬傩神。依旧风光好，居然气象新。年年循古例，同庆万家春。”正月十五换为：“乡村无事闹新年，锣鼓声喧接九天。欣逢今宵明月好，神喜人欢大团圆。”

第二节　演傩道具

池州各宗族傩神会演傩道具繁多，有傩戏用具、傩舞用具和傩仪用具，还有普通用具等，一般都自制。除傩面具外，傩戏用具还有云帚、马鞭、印箱、朝笏、折扇、签筒、惊堂木、喝道板（罗汉竹制成）、文房四宝等，傩舞用具有神伞、古老钱、赤鸟、弓箭、大刀、钺斧、瓜锤等，傩仪用具有神龛、龙床、日月箱、祭桌、香炉、三牲、烛台、火铳、火把、开锣、小锣、鼓、钹以及龙亭、黄龙伞、万民伞、二十四孝伞、各色旗、龙头杖、偃月刀、斧、金锤、笔、蛇矛、月牌、戟、双戟、金抓、矛、朝天盾等。现择其要者介绍如下。

一、傩面具

面具是古代巫傩文化的表现特征。在傩文化里，面具被用作与神灵直接对话的工具，并逐渐演变成渗透着精神力量的神灵，是神灵的形象、神灵的化身。池州傩文化亦是如此，面具被视作神的载体，无论傩仪、傩舞还是傩戏活动的全过程都围绕着面具进行，它是池州傩事活动的核心道具。

〔清〕池州傩戏招魂使者面具

〔清〕池州傩戏包文拯面具

池州傩面具俗称为“脸子”“龙神”“嚎啕神圣”“傩神”“戏神”“社神”“菩萨”“菩老”等，抄本上也写作“鲍老”“老郎”，地方志上则写为“社神”。池州各傩神会的面具数目不一，不同的家族因安排演出的傩戏剧目不一，整套傩面具的数目也不相等，有十三枚、十八枚、十九枚、二十四枚、三十六枚及四十二枚不等。且数量的称谓也不相同，十三枚称“十三太保”，十八枚称“十八学士”，二十四枚称“二十四诸天”，三十六枚称“三十六天罡”，四十二枚称“四十二章经”等。至于每块面具，则各有名称，视傩事活动的内容而定，各村并不一致。各家族因傩戏表演的对象不同，即使是一套相同数目的脸子，其所雕刻的面具人物也各有差异。

傩面具的制作有一套完整的程序，包括伐木、雕刻、制胚、蒸胚、制漆、上彩、定色、成型等多个步骤，制作工具多，工艺繁杂，时间跨度长。一套傩面具通常需要多位艺人通力合作，历经数月方能完成。在每个村社中，傩面具制作工艺是祖祖辈辈传承下来的，艺人们各有自己的特色手艺和技巧，只传授给本社的男性子孙，不轻易外传。

池州傩面具大体上可以分为四类：一是正神面具，形象正直、善良，如傩公傩婆、和合二仙、土地、皇帝等；二是凶神面具，形象威严、凶悍、怪异，如阎罗王、判官、二郎神、魁星等；三是世俗人物面具，形象接近生活原型，如关公、赵云、刘文龙等；四是丑角面具，形象滑稽、风趣、幽默，如宋中等。

在池州傩事活动的起始环节，各傩神会都要把傩面具从面具箱或龙亭中取出，由长者用干净毛巾，沾用柏枝浸的水，将取出的面具擦拭后，按神的品位高低排列在竹编的晒箕上，此晒箕专为摆设面具用，称“脸床”或“龙床”。脸床有的放在舞台靠出场的一侧，有的放在礼堂神案上。不论一副面具是属于一个家族的傩神会，还是几个家族的傩神会，都必须按世代相传的记录（称“总稿”）规定的次序摆放。各家族因面具数目、名称、比较偏重信仰的神不同，摆位也各不相同。此举四例如下：

其一，殷村姚傩面具（28枚）摆式：

皇帝

武官　圣帝　文官

萧女　老回　财神　父老　老和尚

孟女　二回　土地　文龙　小和尚

吉婆　三回　包公　杞良　三和尚

梅香　小回　周仓　宋中

唐叔　童子　杨兴

赵虎　张龙

其二，烽火刘傩面具（36枚）摆式：

玉帝

水官　武官　观音　文官　萧女

赵将　包公　圣帝　岳将　梅香

老回　魁星　天官　刘公　小官

小回　小回　状元　吉婆　宋中

和尚　小回　将军　文龙　檀白

虎面　土地　二郎　和尚　杨兴

门神　和合　社公　和合　门神

其三，东山韩村傩面具（25枚）摆式：

帝君

判官　包公　马元帅 岳元帅

前传　正生　魁星　小生　酆君

后叫　童女　观音　童子　耍生

和合　老旦　老郎　老生　和合

赵公　小魁　关公　和尚　土地

其四，姚村傩面具（32枚）摆式：

皇帝

金星　文相　包拯　二郎

老和尚 县官　娘娘　张主　正旦

小和尚 外角　状元　小包　孟姜女

老回　小生　鲁王　张龙　老旦

二回　末角　乡官　赵虎　梅香

三回　宋中　玄坛　招魂　老杨

四回　小杨

二、龙亭

龙亭系池州傩事活动中迎神、朝庙或出巡时抬傩神（面具）的专用道具，形如“亭”状，最上面是宝炉顶，下分三层，如宝塔状，越上越小。最下层最大，为一活动的方形柜，四面尽是雕花板，为正月十五上庙放傩神（面具）之用；第二层为龙居，上庙时为供土地神面具或“龙玺”之用，四面有四金柱，柱上各有一条金龙盘云，妙就妙在这四条金龙雕得小巧玲珑、栩栩如生。各傩神会的龙亭均玲珑剔透，华丽精巧，以显示其家族实力。据村民介绍，制作一副龙亭，靡费甚巨，费时数年，如南边姚傩神会“民国二十四年花了几百担稻谷，费时数年，才制作一座（供奉傩神面具的）‘龙亭’”，完工的“龙亭”“雕梁画栋，金碧辉煌”①。

刘街社区刘姓傩神会的龙亭

① 参见贵池戏曲志编辑室:《贵池戏曲史料集》(内部资料)，1989年编印，池州学院图书馆藏本，第163页。

三、龙床

龙床是搬演傩戏时临时搭建和专门制作摆放傩神（面具）的案子。各傩神会一般用平面木板拼搭在木架上，再以一块台布铺罩在木板平面上，有的是用竹蔑编制的簸箕，在簸箕上铺罩台布，再摆放在木架上，还有的是用几张桌子拼接后，再将台布铺罩在桌面。龙床摆放傩面具的平面高度，大致与日常用的桌面高度相同。平面面积大小，各傩神会社视面具多少而确定。通常龙床为长方形，正面置有布幔，作为装饰。傩神（面具）经开光后，要按祖辈遗传下来的固定次序摆放，不得随意更改。

梅街镇荡里姚神会“龙床”

四、日月箱

日月箱是两只箱体形状、颜色相同，两头红色圆圈内分别写有“日”“月”二字的木制箱子。也有的傩神会是用藤条编织日月箱，箱体颜色为蓝色或白色，顶部呈穹窿形，长、宽、高分别约为七十公分、四十五公分和五十公分。箱内的存放物，仅为与傩戏、傩舞搬演相关之物。

梅街镇荡里姚傩神会日月箱

五、荡里姚伞

“南边的旗，荡里的伞，刘锣戴铳汪扎板，山里山外干呐喊……”这是正月十五青山庙会时民间对各傩神仪仗的一种概括性称谓，可见荡里姚傩神会的伞颇为出名。荡里姚宗族的“伞”形式多样，有神伞、黄龙伞、万民伞和孝伞等，其中神伞和孝伞最为著名。神伞用竹竿和竹篾扎制，长约五尺，伞顶平园，用纸糊密，并绘有蝙蝠图案，伞顶四周用纸层层糊成圆筒状，平年糊十二层，闰年糊十三层，再镶上金色纸边，垂直贴上约60厘米长的彩色纸条，纸条上书“国泰民安”“风调雨顺”“五谷丰登”等吉祥语。荡里姚孝伞将古代“二十四孝”中的二十四个人物故事，用刺绣的方法，绣在四把伞的围幛上，这二十四孝的故事分别为“单衣顺母”（或“芦衣顺母”）、“啮指痛心”、“为亲负米”（或“百里负米”）、“戏彩娱亲”、“卧冰求鲤”、“行佣供母”、“扇枕温衾”、“哭竹生笋”、“闻雷泣墓”、“为母埋儿”（或“埋儿奉母”）、“孝感动天”、“鹿乳奉亲”、“扼虎救父”、“拾葚供亲”（或“拾葚异器”）、“卖身葬父”、“尝药奉母”（或“亲尝汤药”）、“尝粪忧心”、“亲涤溺器”、“弃官寻母”、“乳姑不怠”、“恣蚊饱血”、“涌泉跃鲤”、

“怀橘遗亲”和“刻木事亲”。

荡里姚孝伞

荡里姚万民伞

第五章　池州傩的文化价值

从前述章节的内容来看，池州傩文化的内涵颇为丰富。它虽以会、社为组织单元，实则以宗族为演出单位，在宗族聚落内传承至今。它以驱邪纳福、请神敬祖为目的，以佩戴面具为表演特征，以祭祀仪式和搬演傩戏为表演内容，是我国现存“最古老、最完整”的古戏曲之一，有“戏曲活化石”的美誉。自20世纪80年代以来，随着傩乡各姓族傩戏的恢复演出和学界研究的不断深入，池州傩文化的内涵及其价值渐渐被世人认知。池州傩的文化价值体现在哪些方面呢？本章我们主要从历史学、宗教学、民俗学、戏曲学以及教育学几个方面加以探讨。

第一节　历史学价值

作为一种世代相承的悠久文化现象，池州傩文化汇蓄、沉淀了上古到近代各个历史时期诸多文化信息，有着极高的历史学学术研究价值，体现如下。

一、傩——上古驱鬼逐疫活动的历史载体

傩文化最原始的形态是傩祭活动，是上古时代原始宗教崇拜时期的一种祭祀仪式。上古先民举行傩祭活动的目的是祈求神灵逐鬼除疫，表现为神鬼信仰和驱赶巫术，均体现于仪式。

对此，除前述史料证实周朝已有“国人傩”“天子傩”“大傩”等多种形态的傩仪外，其后的历代文献也多有记述，《唐书·礼乐志》记载：“大傩之礼，选人十二以上十六以下为侲子，假面赤布袴褶，二十四人为一队……鼓吹令师傩者各集于宫门外，内侍诣皇帝所御殿前，奏侲子备，请逐役。”宋高承《事物纪原·岁时风俗·驱傩》：“《礼纬》曰：高阳有三子，生而亡去为疫鬼，二居江水中为疟，一居人宫室区隅中，善惊小儿，於是以正岁十二月命祀官持傩以索室中而驱疫鬼。”

我们知道，古代文献资料记载的主要是官方事迹，民间材料很少收录。因此，我们今天从古代典籍中所看到的有关傩事活动的记载，主要也是有关宫廷傩的概况。民间傩祭也是一种民众从现实需求出发而衍生出来的民间信仰和民间艺术，“国傩（主要在宫廷）并不能代替乡傩，乡傩是真正植根于群众土壤中的宗教仪式，这就是当史籍中关于宫廷傩祭消失之后，群众中，特别在边远、文化落后的农村仍保存傩仪的根本原因。从这个意义上讲，我国南方地区的傩文化，不仅延续了傩的发展历史，而且保存了文化史研究的活的社会化石”①。

二、池州傩——昭明太子与池州的历史情结

关于池州傩祭活动的最早记载，主要见于唐代对南北朝梁昭明太子神像的祭祀活动。“池故事，以八月十五日为梁昭明千秋……郡县有司则以前三

① 贵州省德江县委宣传部：《傩魂》，贵州民族出版社2003年版，第60页。

日躬迎神貌于郭西庙，入郭内祝圣寺而礼之。是日，诸家扮会迎神者……而各以旗旐鼓吹导之，步梁昭明辇于西门外杏花村之马站坡。而骑乘以还，游于通市，或及郡县之公堂。薄暮而毕，脱面具以交于明年之扮者，无扮者则归之庙。”①

昭明太子萧统（501—531），字德施，南兰陵（今江苏常州西北）人，出生于襄阳，是我国历史上被誉为“菩萨皇帝”的南朝梁武帝萧衍长子，天监元年（502），年仅两岁的萧统被立为太子。相传他自幼聪明过人，五岁通读五经，过目不忘，号“高斋十学士”。梁中大通三年（531），年仅三十岁的萧统不幸英年早逝，死后谥号“昭明”，故世称“昭明太子”。萧统的人生旅途虽然短暂，但由他主持编撰的《昭明文选》则名传千古，成为不朽名篇，是中国现存编选最早的诗文总集，被后人称为“修辞之家举为轨则”的典范，被尊为我国文学史上的“总集之祖”，萧统也因之被后世王朝不断加封，如北宋哲宗皇帝赐额“文孝”，于是昭明太子在民间又被称为“文孝昭明圣帝”。

今池州市贵池一带曾是昭明太子生前的封邑，世传萧统待人宽厚，好施仁德，颇受百姓爱戴。萧统死后，贵池人为表示对他的感念，特向朝廷请来萧统的衣冠葬于贵池秀山（今贵池灌口铁店铺西北），并在衣冠冢旁建祠祀之，俗称“祖殿”。唐永泰元年（765），重设池州，建府城于贵池（今池州市），并在城郭西四里处的杜坞山上，新建了更为壮观的昭明太子庙，俗称“西庙”，又叫“昭明祠”或“郭西行祠”，尊称“文孝庙”。当地俗称萧统为“文孝昭明圣帝”，各家均以香案供昭明木偶神像，称“案菩萨”，每年正月初六乡村唱“案戏”“以酬昭明”，由此奠定了历朝历代贵池人供奉昭明太子的传统习俗。每年正月十五的“青山庙会”，当地各姓族的傩神会社抬着傩神銮驾去朝拜青山庙，实则是朝拜昭明太子；峡川柯傩神会依然保留着“春秋”祭祀抬着昭明太子神位游村的传统习俗，驱邪纳福。

由此可以推断，池州傩事活动的兴起应该与祭祀昭明太子密切相关。清

①〔清〕郎遂：《杏花村志》卷九《池州迎昭明会记》，黄山书社2015年点校版，第180页。

康熙年间由贵池人郎遂（1654—1739）编写的《杏花村志》还引用宋人杂记，考证了这个活动自南北朝时期南梁昭明太子去世以来，唐代就已经非常盛行，宋代则更有甚之，明清时期达于鼎盛，充分说明了池州傩的形成与昭明太子有着密切联系。

三、池州傩——历史文化信息的层叠积淀

池州傩是中国传统社会族傩表演的一个"活的标本"，历史上它仅在宗族社区里搬演，直至20世纪80年代因被学人广泛关注后才为世人认知。据有关史料记载可知，池州傩事活动的早期形态是以仪式性舞蹈为主，而具有戏曲特征的池州傩形成于何时我们在第一章第二节已作了分析。学界大多数人认可其成戏于明代中叶一说。持这种观点的专家学者大多认为，明之前的宋元时期是傩仪向傩戏转变的重要阶段，此时的宫廷傩逐渐世俗化，即在原来单纯的祭祀仪式活动中增加了戏曲表演的娱乐功能。在戏曲声腔方面，继汉唐百戏、变文、乐舞之后，宋元的杂剧、南戏迅速发展，对傩戏声腔的形成影响很大。据明徐渭《南词叙录》记载，发轫于浙江的余姚腔和江西的弋阳腔在明代中期已经在池州十分流行，并与池州民间歌舞、小曲相融合，直接作用于仪式性的傩舞，最终形成为仪式与戏曲声腔相结合的舞台表演艺术——傩戏。明嘉靖二十四年（1545）编纂的《池州府志·风土篇》中"凡乡落自十三至十六夜，同社者轮迎社神于家，或踹竹马，或肖狮象，或滚球灯，妆神象，扮杂戏，震以锣鼓，和以喧号。群饮毕，返社神于庙"①的记载，可以证实此时池州傩戏已然十分成熟了。

通过对池州傩祭活动的产生，以及在此基础上发展演变而成的池州傩戏的回顾与考察，我们不难发现，这一切都是建立在池州民众对昭明太子祭拜这一历史现象的考究基础上，即使学界尚有一些问题有待进一步厘清，毫无疑问也只有围绕"昭明太子"来做文章。学界有学者认为，中国戏曲就是一

①〔明〕王崇:《池州府志》卷二《风土篇》,明嘉靖二十四年(1545)刻本。

个纵贯百代、横绝九州、超越时空的中国社会的大写意，也是中国历史、中国文化的大展览。如果把中国戏曲看作一部以其特有的方式展示中国社会史、政治史、军事史、风俗史、心态史的资料长编，那是绝对不过分的。研究中国社会、中国文化和中国人的学者们，无论他们的观点和方法有何差异，都可以在中国戏曲中发现足资佐证的精采材料[①]。

傩是原始宗教崇拜中一种迎神驱鬼、祈福消灾的文化现象，虽然这种原始形态的傩祭活动逐渐演化成兼具表演性质的傩戏，其结构、功能和内涵等发生了不少变化，活动平台也从单纯祭祀活动变为舞台表演。但傩戏作为一种假面跳神的戏剧和舞蹈，世代相传，延续至今，仍然保持着古朴、粗犷的原始风貌，它既是一种表演，又具祭祀功能，属于一种祭仪性表演。准确地说，傩戏既是中国现存最古老、最完整的古戏曲之一，也是中国最古老、最重要的民俗仪式，是最具民族特色的文化象征，是一种久远、独特且根植于民族历史的文化现象，蕴含着民族文化的时代性、地域性、传承性特质。人们常说傩戏是中国戏曲的“活化石”，其实，它远不止是民族文化在某一方面的积淀和遗存，除了戏曲“活化石”之外，傩戏和傩文化还承载着许多民族共有的历史因子，即不同时期的历史发展形态。

因此，作为融合傩仪、傩舞和傩戏为一体的池州傩文化，具有重要的历史文化学研究价值。王兆乾先生称池州傩为“古文化的层叠积淀”，它积淀了从上古到近代之前中国各个历史时期诸多的文化信息，蕴藏着博大精深的文化内涵。今天的池州傩戏作为池州傩文化的一种具体形态，不仅延续了傩的发展历史，而且保存了文化史研究的“活化石”，这对于研究中国古代宗教演变、宗族结构、民风民俗、山民思想、文化艺术和江南地区的政治、经济、社会、文化等均有着极大的史料价值。

特别是在人类漫长的历史发展过程中，流传下来的文物尤其是历史久远的资料相当匮乏，仅凭一些零碎的文物、资料难以佐证历史上发生的重大事件和文化交融活动。值得庆幸的是，在这方面，沿袭经年、保持不变的池州

---

① 参见陈抱成:《中国的戏曲文化》,中国戏剧出版社1995年版,第3页。

傩，却真实客观地再现了古时候的人类驱邪逐疫、请神尊祖、消灾纳福和娱神娱人等方面转变的历程，留下了珍贵史料。如傩舞《舞伞》，是古代先民春祈秋报的舞蹈，其雏形是族人在社坛前手执黍镶而舞，先秦称《绂舞》，汉代称“灵星舞”，隋代称“拂舞”，宋代称“竹竿拂子”，当代称“伞舞”。一把伞舞了几千年，留下了秦汉明月、唐宋风云和明清雨露。傩舞《舞钱伞》，伞为天的表象，象征阳，钱乃地之表象，象征阴，钱伞之舞象征天地二神在社坛社树下阴阳相交、化生万物。傩舞《打赤鸟》为楚文化遗存，乃楚人祝国祈年之舞。谚云：“赤鸟蔽日，殃在荆楚。”楚昭王向周太史请教办法未果，于是楚人以桃弓棘矢射赤鸟，以此祈福国家。另外，池州傩舞《醉胡腾》更是十分珍贵，是西域大漠的舞姿在皖南山区的傩舞中完整再现。据考证，这种舞蹈大约在南北朝便已由波斯传入中国，当时称“老胡文康”。到了唐代，随着丝绸之路的畅通，胡舞在都城长安十分流行，时称“醉胡腾”“醉胡子”，这种舞蹈被认为早已失传，但在池州太和章村的傩舞中却保存了下来。池州傩传统剧目《刘文龙》，讲述的是汉朝书生刘文龙与妻萧氏悲欢离合的故事，这个故事在宋代就已流行，原名《刘文龙菱花镜》，剧本曾收在明永乐年间编撰的《永乐大典》中，可惜毁于兵燹，文本失落了，但幸运的是，这则故事却完好地保存在池州傩戏里。如此等等充分说明了池州傩文化内容丰富，丰富得可以装下数百、上千年的文化。孟凡玉先生通过对傩戏特别是池州荡里姚傩戏进行综合、深入的考察后，无不感慨地说：“傩有一条延绵不断的发展脉络，有着非常深厚的历史文化积淀。傩事活动可以折射出中华民族自然崇拜、图腾崇拜、祖先崇拜、生殖崇拜的深刻文化内涵。通过傩的研究，可以打开一条通向远古的时间‘隧道’，为我们认识人类发展的历史轨迹提供一个不可多得的参照系。”[①]

另外，池州历史悠久，文物古迹众多，但由于自然灾害、战乱等多种原因，许多古迹均遭破坏，有的荡迹无存。我们从各宗族“请神词”中，可查考池州古庙宇、宗祠、桥梁等分布情况，这对于发掘、调查、考证池州人类

① 孟凡玉：《假面真情》，文化艺术出版社2013年版，第3页。

活动的历史具有重大意义。在池州，许多村庄的名称与众不同，一种是地名置前姓氏放后，如南山刘、茶溪汪、茅坦杜、东山吴、渚湖姜等；一种是方位置前姓氏放后，如南边姚、西华姚、山里姚等；还有一种较特殊，如殷村姚、邱村柯、张村汪等。导致这种特殊性的原因是，原来在池州，许多村庄曾有宗族居住，因多种原因，有的迁徙，有的绝嗣，后来别的宗族迁移过来居住，为便于区别，后来者就把自己的姓氏放在后面。如殷村姚，这里曾是殷姓宗族居住地，而这里旧有的社坛，称“冷坛”，现在的宗族在请神时，要一并敬请其祖之神。这些为宗族变迁的研究，提供了很有价值的历史资料。

第二节　宗教学价值

世界上任何一个历史悠久的民族，都无一例外地经历过原始社会阶段，在迈向文明门槛之际，都有过原始宗教信仰的历史，并产生了本民族的宗教文化。中国是一个多民族的文明古国，傩在中国有着悠久的历史，它源于原始宗教信仰中图腾崇拜的傩祭，是由古代驱鬼逐疫的宗教仪式演变而来，是历史、民俗及民间宗教的综合体。“历代以来，这种仪式与对图腾、神灵、祖先、土地以及生殖等崇拜信仰和风俗联系在一起，与儒、释、道文化相互渗透，在皖西南一隅世代承袭。”① 池州傩亦然，不仅积淀了从上古到近代之前中国各个历史时期诸多的文化信息，有着厚重的历史学价值，同时也有着浓郁的宗教学价值。

一、酬神娱人——泛宗教化的信仰

池州傩是一种佩戴面具演出、带有宗教色彩的戏剧雏形，表演的核心是酬神娱人，紧紧围绕神、鬼、人这一轴心开展活动。厦门大学王义斌博士在其博士论文《池州傩艺术及其文化研究》中认为，从艺术与宗教活动的结合程度上，我们可以将中国民间戏曲分为两类：酬神戏与观赏戏。前者主要意图在于娱乐神灵，通过人神互动互惠达到“人娱神、神佑人”的目的；后者是给人观赏的，意义在于娱乐民众。

池州傩演出的第一个仪式是迎傩神，即“迎神下架”；“迎神下架”之后是“社坛启圣”和“请阳神”仪式，即恭请天上地下一切神祇，主要是龙神，谷神，田公地母，雷公电母，风伯雨师，府县城隍，桥梁使者，水口、

① 周杰:《池州傩戏及其文化特质探究》,《文艺争鸣》,2011第4期。

港口、路口、寺庙的“嚎啕耍戏诸神”（包括一末、二净、三生、四旦、五丑、六外、七贴旦、八小生在内的艺术神）；接下来是“摆位”，即将面具（傩神）摆好，祭祀一番之后，才能戴上演出。

正月初七、初十、十五夜场，必循序演《舞伞》《打赤鸟》《五星齐会》等傩舞及《刘文龙赶考》《章文显》《孟姜女》《花关索》《摇钱记》《陈州放粮》等正戏，正戏中还穿插演其他如《新年斋》《舞回子》《问土地》等傩舞或傩仪。最后一场结束前，必演《关公斩妖》，接着举行“送神”仪式。最后将面具装入日月箱，恭送到祠堂神台上，谓之“送神上架”。至此，这一年的傩戏演出活动告一段落。

从上述简要的过程叙述来看，池州傩保持着极强的原始性和宗教祭祀性。作为驱鬼逐疫的古老行为，池州傩已经升华为一种仪式，它借助神秘的、超自然的力量，为自身“纳福祈吉”“驱邪御患”，它与古老的图腾崇拜、神灵崇拜、祖先崇拜、土地崇拜以及生殖崇拜等联系在一起，而绝非单纯的演戏，也有别于一般的观赏性戏剧，是一种酬神娱人、泛宗教化信仰的古老戏剧，包摄着上古动物崇拜、祖先崇拜、鬼神崇拜的原始观念，这些原始古朴的宗教信仰与意识大多隐藏在乡民虔诚的傩仪、傩舞、傩祭之中。乡民虔诚执着地举行傩祭、傩仪、傩舞意在迎神降神、娱神敬祖、驱邪逐疫，具有强烈的宗教祭祀功能和巫术神秘功能。作为一种“仪式性戏剧”，池州傩的搬演过程中甚少取悦观众，甚至根本不关心有没有观众，神灵的在场才是傩戏仪式的核心，并借助面具、锣鼓等仪式性器具与神灵交流，以达到“通神娱神”“清心遣欲”“人神共娱”的功能。

池州傩，不仅敬神、祭神、娱神，而且也敬祖、祭祖、娱祖，对祖灵的信仰与崇拜十分隆重。那些祖祖辈辈生活在山村、受到千百年来延续的原始宗教文化熏陶的人们，把祖先看成木之本，水之源，认为祖先本身就是一种神灵。他们相信祖先显灵可以庇护子孙，福祇绵延。遍布各地的宗族祠堂是祖先崇拜最直接物化的体现，宗祠最后一进，多安置本宗族祖宗牌位，含始祖或迁祖等宗族或家族祖先。池州傩乡各宗族的傩神会，一般都在祖宗牌位正面搭戏台，目的就是演戏给祖先欣赏，达到敬祖、祭祖、娱祖的宗教祭祀目的。作为傩戏音乐主体的唱腔部分，不仅是对神灵故事的音乐描述，也是对祭神仪式的文化解释，具有敬神、拜神和娱人、娱神的双重功能。

二、面具与音乐——通神的法器

戴面具表演是傩仪、傩舞、傩戏的主要表现手段，也是傩文化的重要标志。法国著名的社会人类学家、哲学家列维·斯特劳斯（1908—2009）曾指出，面具的每一种类型都与神话有联系，对于旁观者来说，是无所不在的超自然力和神话散播的证明。在上古傩祭里，巫师为隐蔽自己，采用戴面具这种便捷的手段，将自己妆扮成驱鬼逐疫的神。这样，面具被用作与神灵直接对话的工具，并逐渐演变成渗透着精神力量的神灵，是神灵的形象、神灵的化身。因此，“面具是傩最为集中、最为鲜明的文化符号。自从诞生那一刻起，傩就以戴面具驱赶鬼怪邪祟为其基本文化特征”①。

作为与神交流的一种仪式和法器，池州傩中使用的面具已不仅仅是一种道具，而是通神的法器。演员一旦戴上面具，就相当于神灵附体，被赋予了极为神秘的色彩，其言行代表的不是自己而是神灵，自己只是代神宣谕的媒介，每个人物上场必先燃放鞭炮、烟雾缭绕，以示神灵驾到。面具不仅在称谓上与神联系在一起，而且在制作、开光、摆设等方面都要举行一定的仪式。可见面具就是神的体现或标志，在迎神赛会及其他祭礼活动中，面具均起到了极其重要的作用。王兆乾等学者认为，面具就是傩事活动的核心。若失落了面具，也便意味着傩戏的消亡。

而音乐更是人与神之间互相交流信息的重要载体，古代“葛天氏之乐”表达的就是天、地、人、神融为一体的情景。池州傩音乐中使用的锣鼓、铙钹、堂鼓、板鼓等不仅在傩戏表演中必不可少，更是请神、送神仪式中的重要法器。在前述迎神、请神、摆神、送神等一系列仪式中，锣鼓的音声可以

① 孟凡玉:《假面真情》,文化艺术出版社2013年版,第118页。

起到邀请、开道以及护送所敬之神的功能性意义。

三、儒释道三教合流——傩戏特有的文化品格

在中国古代，当原始宗教向人为宗教转化以后，以儒释道三教为代表的民间宗教文化往往通过戏曲活动渗透于大众的生活之中，或者说，“中国戏曲长期接受儒释道三教的熏陶，大量的剧目都代儒教宣传，佛道两教也一起承担高台教化的任务”①，由此影响着占中国社会大多数的一般民众的思维方式、生产实践、社会关系和政治行为。

池州傩戏的常见剧本是《孟姜女》《刘文龙》《花关索》等，这些剧本中大多反映了儒教的孝节思想、道教的阴骘思想和复归思想，而佛教的救苦救难思想也散见其中，这些宗教思想通过戏剧的演唱与流传，对池州民间社会产生了深远影响。下面我们分别就《孟姜女》《刘文龙》《花关索》三个具有代表性的剧本中蕴藏的宗教思想作一简单分析。

池州傩戏《孟姜女》共有三种剧本，分别是《寻夫记》《范杞良》和《孟姜女寻夫记》，搬演的是孟姜女与范杞良之间的爱情故事。三种《孟姜女》剧本均以孟姜女寻夫为中心，道教和佛教神祇是围绕寻夫展开的，但寻夫主要是一种儒教的思想，由此出现了三种不同结局。《寻夫记》主要讲的是孟姜女在观音菩萨面前发愿见自己身体者即许配为婚，至孟姜女在莲池洗澡被范杞良无意中窥见，于是两人结配为婚，谁料只做了三天的鸳鸯，范杞良就被抓去修筑长城。之后，孟姜女千里寻夫送寒衣，一路获得神灵庇护，终于抵达长城，并在神灵帮助下推倒长城寻得夫骨。剧中涉及了观音菩萨、狐王庙、蛇王庙、水神、山神、金星、神差鬼使、门神、土地公、城隍、玉帝、五殿阎罗等佛教和道教神祇。《寻夫记》以孟姜女拾得夫骨团圆作为结局，这是一种儒教的结局，重点宣扬了儒教的孝节思想。《范杞良》的内容情节与《寻夫记》大致相同，但《范杞良》称孟姜女是天上仙女下凡，最终

① 周德育:《中国戏曲与中国宗教》,中国戏剧出版社1990年版,第199页。

以孟姜女被太白金星招回天上做了神仙作为结局，这是一种道教的结局，重点宣扬了道教的旌孝思想。《孟姜女寻夫记》的内容情节与《寻夫记》基本无异，唯结局不同，该剧最终秦始皇宣召，孟姜女不从并抱骨投江作为结局，重点宣扬了儒教的节烈思想。与此同时，玉皇大帝特地安排孟姜女与范杞良在阴间获得团圆，从而又宣扬了道教的旌孝思想，这是一种儒教加道教的结局。由此可见，《范杞良》是对《寻夫记》结局的发展，《孟姜女寻夫记》又是对《范杞良》结局的发展，两种发展都力图使结局更加人性化，都力图使悲剧转化为喜剧，但无论何种发展，都不外乎两种结局：一为儒教的结局；一为道教的结局。

池州傩戏《刘文龙》也有三种剧本，分别是《刘文龙赶考》《刘文龙》和《和番记》，故事演绎的是刘世德祖宗七代行善，阴功浩大，被玉皇大帝知道后，派文曲星君下凡帮助他的儿子刘文龙考取科举，又派九天玄女教他武功韬略，西行和番，谁料刘文龙一去十八载，音讯全无，妻子萧氏在家对公婆尽孝，为丈夫守节，虔诚拜佛，备尝艰辛，但每每都能获得神灵的帮助，而刘文龙最后也在神仙指引下，及时赶回家门，与妻子团圆。在该戏中，刘世德夫妇代表了儒教，刘文龙代表了道教，萧氏代表了佛教，道教神祇有玉帝、四大元帅、南北二斗仙官、天地水三官、雷公、电母、风伯、雨师、梓潼、魁星、九天玄女、九尾狐狸精、土地公、铁拐李、太白金星等，佛教神祇有观音娘娘、善才、龙女、韦驮、伽蓝土地等。从这三个剧本中可以看出，儒教主要是以观念形式存在，如刘世德夫妇的积善、存心、三从四德、天地君亲师，刘文龙对朝廷的忠诚，萧氏对公婆的孝道，等等；而道教和佛教主要是以神祇的形式存在，道教神祇主要是赏善惩恶，佛教神祇主要是救苦救难，道教多倾向于男性，佛教多倾向于女性，道教教人行善，佛教教人虔诚。刘文龙考取状元以及西行和番，全靠道教诸神的保护，而道教诸神之所以帮助他，乃在于他祖上七代行善，阴功浩大，故得诸神的眷顾，反映了道教的阴骘思想。刘文龙之妻萧氏有三难，一是为公割股疗疾，二是宋中逼婚，三是盼郎早归，在第一、第二难中均因萧氏虔诚拜佛从而获得了观音娘娘的帮助，在第三难中，因萧氏虔诚求助伽蓝土地托梦刘文龙及早还乡才得以夫妻团圆，反映了佛教的救苦救难思想。在戏剧的结局，刘世德夫妇、刘文龙、萧氏俱被玉帝收归天上成为神仙。至此，戏剧以神开始，以神结束，神贯穿始终，但神主要是道教之神和佛教之神，二者之中又以道教为主，道教教人行善，强调阴骘思想，在剧中以刘文龙为主要代表，于此可见《刘文龙》一戏的主题思想。

池州傩戏《花关索》搬演的是汉末关云长之子花关索的故事。先是汉末天下大乱，关云长弃家出走，其妻胡氏生下花关索。花关索少年看戏，在外祖父胡员外家走失，被索老爷捡到，后又被神仙花岳师化去学艺。花关索学成武艺之后，被师父遣回家认祖归宗，母亲从花岳师、关云长、索老爷三姓中各取一字，为儿取名花关索。花关索带着母亲去西川认父，在路上招安了强盗许霸山、赵拿云等兄弟十二人为部下，又招安了鲍三娘、王桃、王月三员女将，并娶为妻，一同到西川认父，最后一家团圆，剧中的神祇主要是神仙花岳师。《花关索》主要涉及儒教和道教，如关云长桃园结义，花关索认母认父，花关索为朝廷招安以及娶三妻，含有为三家续后之意，等等，反映了儒教的忠义、孝道等观念。道教以神仙花岳师为代表，花岳师收花关索为徒弟，并传艺于他，用花岳师的话说是“日后西川认父，扶助江山，多少是好”，反映了道教兼济天下、以天下苍生为己任的理想。花关索学习道教的武艺，又被其师遣回人间认祖归宗，佐父匡扶天下，正是这一理想的具体执行者。戏中之所以选择汉末西川关云长作为花关索的父亲，是因为汉末西川是道教的发源地，以花关索出身于道教，又去道教的故乡——西川认父，体现了道教的复归思想，表达了道教以复归思想治理天下的理想，而这正是汉初的黄老无为政治。因而，《花关索》是对东汉末年的道教和汉初黄老无为政治的一种演绎。

以上《孟姜女》《刘文龙》《花关索》三种剧本是一个不可分割的整体，其中心思想都是宣扬儒教的孝道，是儒教孝道思想在家庭不同成员之间的演绎，《刘文龙》宣扬了媳妇对公公的孝道，《花关索》宣扬了儿子对父亲的孝道，《孟姜女》宣扬了妻子对丈夫的孝节。在古代中国，儒家虽无“彼岸世界”的宣传，孔子也是“敬鬼神而远之”，但儒学自西汉中期登堂入室以后，它在客观上已经开始了神学化的过程，“孔子实际上已经成了教主，天地君亲师是儒者公认的崇拜对象，六经是法定的经典，儒学的宗教作用并不逊于佛老，因此才被视为一种特殊的宗教。”①不过，尽管如此，儒教重点关注的只是现实社会的伦理秩序，并不关注因果业报及前生后世，因而又于儒教之外济之以道教和佛教，以道教的阴骘思想作为儒教孝道之奖励，以佛教的救苦救难思想作为儒教孝道之补偿，道教和佛教在此拓展和深化了儒教的伦理境界。

从三类剧本中，我们皆能看到，它们都分别描绘了一个原本美好的家庭，在遭遇挫折破离之后，经由孝心的精心呵护，在宗教神的帮助之下最终走向圆满的故事，共同揭示了家庭、孝道、宗教和圆满四个主题及其相互关系，即家庭的伦理基础在于孝道、孝道的终极价值源自宗教、宗教的基本功能在于圆满，宗教信仰对家庭幸福起到了非常重要的作用，而这正是这三个剧本的价值所在。因而，在一定意义上可以说，池州傩对民间社会的影响是其宗教价值的影响，傩戏赖其宗教性而得以流传，一旦宗教性不存在了，傩戏就会走向消亡。

有学者把中国各民族中流行的傩戏，称为戏剧发生学的“活化石”，这是着眼于傩戏在戏剧史学研究上的学术价值。如果我们把遍布于中国不同地区的傩戏和傩戏型的剧种的现状和历史，加以广泛的研究，则不能不承认中国戏剧的孕育和形成，确实和古希腊戏剧及印度的梵剧等戏剧的形成一样，都经历了一个极为相似的发展过程，那就是“它在宗教文化中孕育，在宗教仪式中脱胎，进而成为一种独立的戏剧艺术形式”②。戏曲的宗教性是其艺术性与价值性的基础，中国戏曲与宗教的关系是细致而复杂的。池州傩同样与宗教有着密切的关系，池州傩的宗教性即是傩戏剧本中体现出的浓厚宗教

① 周德育:《中国戏曲与中国宗教》,中国戏剧出版社1990年版,第45页。

② 周育德:《中国戏曲与中国宗教》,中国戏剧出版社1990年版,第75页。

思想。傩戏的演出在很大程度上就是对这些宗教思想的演出，而傩戏对民间社会的影响往往也就是这些宗教思想的影响。因此，我们对池州傩中蕴含的宗教文化进行研究，不仅可以提供一个考察中国社会文化的基层的角度，而且对于理解中国社会文化全貌有重要的意义。

第三节　民俗学价值

傩戏是在民间祭祀仪式基础上吸取民间戏曲而形成的一种戏曲形式，是历史、民俗、民间宗教和原始戏剧的综合体，这种古老的半神话半演艺的民间艺术形式，实际上是一种农耕文明形态下的群众性民俗活动，代表了一方的风俗文化习性及当地百姓的生产、生活状态。池州傩作为安徽民俗文化的代表，在池州民间有着巨大的影响力，傩戏演出和许多民俗事象均有联系，蕴含着深厚的民俗学价值。

一、社祭文化——古朴粗犷的民俗风貌

池州傩具有浓郁的社祭色彩，功利性强。池州傩事都在社的范围内活动，以社为单位组织起来。在中国古代，社既是祭祀的场所，同时也是公众聚会的地方，另外也指地方基层组织或民间团体，西周时二十五家为一社。明嘉靖《池州府志》“时序·逐疫”条载“凡乡落自十三至十六夜，同社者轮迎社神于家……群饮毕，还社神于庙。”各宗族不仅设置社树、社坛、社神，而且傩戏会多以社得名，如贵池元二保（今梅街镇刘街社区）共九社，就有九个傩戏会，有姚村大社、虾湖大社、霞湖永兴大社、西华大社、义兴大社、灵田大社、汪村大社和太和大社，宋村因地理位置，便和戴性合为一大社，大社下再设立中小社。

各宗族傩事活动均在本社展开，由年首执管，社祭始终贯穿于傩事活动中。演出之前，须先至社坛或社树下“起圣”，迎请诸位神灵降临，结束时又必须去社坛“送神”。从各宗族“请阳神”词薄中得知，这些神有府主、城隍、社会、土地等，还有池州城至本村沿途可见的山川、社坛、庙宇、桥

梁、水口之神。傩神会“出圣”时，要巡行一二十里，经过土地庙、桥梁时，要向土地神或桥梁、水口之神等献供、燃香、鸣炮、作揖礼拜。演出剧目有《舞伞》《打赤鸟》《舞滚灯》《舞古老钱》等。如在池州东南山区的宗族以《舞伞》为主，先由香首（又称年首或执事人）引戴童子面具的伞童上场，舞四方，演绎春耕、夏种、秋收和冬藏的农序，一般平年演十二段，闰年演十三段，以祈求风调雨顺，五谷丰登，六畜兴旺。伞，呈穹窿状，用竹杆和竹篾扎制而成，用纸糊密，并绘有蝙蝠等图案，再镶上金色纸边，垂直贴彩色纸条，纸条上书写“国泰民安”“风调雨顺”“五谷丰登”等吉祥语。这种舞系古代春祈秋报的舞蹈。白洋河和秋浦河等河流旁的家族多表演《舞滚灯》，以二郎神（司水利之神）为其主神。傩舞《打赤鸟》由两人扮演，一人手拿木制的鸟，这是一只危害禾苗的鸟，一人手执弓箭，作追逐射击状，最后鸟被射中。王兆乾先生认为，其是楚文化遗存，本为楚人祝国之舞，楚人认为赤鸟乃不祥之兆，以桃弓棘矢射之，可驱除凶邪。傩舞《舞古老钱》（又名“鲍老钱”），表演者边舞边唱，唱词为“古老钱，古老钱，里面方来外面圆，古老钱上八个字，风调雨顺太平年”。古老钱原型是一种厌胜钱，又名罗汉钱，民间常作为避邪之物或信物，在宋代瓦舍中即已流行，被误认为“抱锣”，池州傩舞证实其为“鲍老”之讹，意在祈求风调雨顺，国泰民安。

同时，池州各宗族傩事活动与地方古俗有机结合，举行“问土地”“跳土地公婆”“打社公”等专门祭祀土地神或社神的仪式。“问土地”仪式中，一人戴土地神面具，扶杖登台，本村代表跪在地上向他询问年景、人丁、五谷、六畜以及生意买卖、读书进取、种麻植桑和儿童麻疹如何等等，当然土地说的尽是吉祥言语，村民听到土地美言，很大程度上得到了精神上的快慰。“打社公”节目安排在傩戏演出结束时举行，社公即土地之主，先祖之灵，社公戴面具上台，手执竹鞭，挥向空中连击四次，口中诵道：“一打风调雨顺，二打国泰民安，三打满门吉庆，四打五谷丰登。”这正是鞭打春牛、祈求丰年的古俗遗存。

而一年一度的青山庙会，即祭祀池州最高土主——梁昭明太子萧统的活动热烈而又隆重。青山庙始建于元大德年间，原为昭明太子祠。约从明代起，刘街的汪、刘、姚、戴等九社每年正月十五上午在青山庙举行朝庙仪式，称“九社朝土主”。朝庙时，鸣锣放铳，旗伞仪仗，簇拥着面具依次前来。在庙前，各姓家族的长者相互拜年，并对来朝庙的面具礼拜，各社的龙灯、马灯也依次舞动，形成一年一度的群众性聚会。

综之，在池州傩事活动中，傩戏演出与当地人欢庆春节相结合，成为民俗活动的一部分，其中社祭文化颇为浓厚，人们对土地的祭祀、对社会的崇拜，深刻地反映了人们祈求风调雨顺，五谷丰登、六畜兴旺的强烈愿望，深深地烙下了农耕文化的印记。

二、砌末道具——厚重质朴的民俗风情

池州傩是中国巫傩文化的一个流布形态，和中国其他一些地区驱疫纳吉的巫术活动相比，虽名称不同，但都起源于原始信仰，都把歌舞、戏剧当作是降神、娱神的仪式，把某种魂灵的依附物，如面具、滚灯、銮驾、孝伞等砌末道具，当作傩事仪式活动的神灵，并运用它们进行傩祭和演出活动。池州傩砌末道具继承中国民间传统工艺，吸收明清时代娴熟的镂空、浅浮雕和刺绣等技法，制作精致，汇集民间工艺之大成。

首先，面具是贯穿整个傩事活动的核心道具，是池州傩最主要、最显著的表现特征，也是傩戏区别于其他剧种的重要标志。

池州傩面具，俗称“脸子”“傩神”“菩萨”等，多用柳木、樟木、枫杨精雕细刻、油漆彩绘而成。其形状为外突内凹，眼珠与眼角缕空（便于演员张望），造型因角色不同而不同，形象夸张、穷工极巧，或青面獠牙、恐怖凶悍，或神气逼人、刚强暴烈，或细眉窄眼、奸邪狡诈，或温良恭谦、淳朴忠厚。经过傩仪祭祀后，乡民们认为这些面具已附有灵性、具有神格，所有的天上、人间、艺术之神都降附在这些面具上，成为傩神，不可亵渎。演出

傩戏时，傩神会成员必须事前沐浴更衣、烧香、礼拜，才能接触、配戴面具。

池州傩面具，因地域、家族不同，其数量质料、尺寸色彩、功能佩戴也不尽相同。面具数目也有差异，13枚称十三太保、18枚称十八学士，尚有按天罡地煞排列，有二十四地煞、二十八星宿、三十六天罡等。面具有全脸和半脸，分通用与专用两种：通用脸子多为正面人物，如刘文龙、孟姜女、萧氏女；专用脸子多为特殊身份的角色所用，脸谱极具个性特征，如二郎神、关羽、包拯、钟馗、尉迟恭等。刘街乡姚姓现存面具有皇帝、招魂使者、狄将军、张妃等，刘街乡茶溪汪现存面具有土地、刘文龙、关公、老和尚、伞童等，这些面具是明清两朝遗留下来的，极为珍贵。还有运用现代民间艺术雕刻的面具，如千里眼、顺风耳、张龙、赵虎等，刀法流畅，显示出很强的古朴、粗犷美。

无论是傩仪、傩舞活动还是傩戏演出，面具都被赋予了神秘的宗教与民俗含义。在池州傩乡人民的意识中，面具是神灵的象征和载体，如何对待面具，往往要遵守约定俗成的各种清规戒律。例如制作面具时要行“开光”仪式，取用面具要举行“开箱”仪式，存放傩戏面具要举行“封箱”仪式。演员戴上面具即表示神灵已经附体，不得随意说话和行动。尽管面具被赋予了复杂而神秘的种种宗教和民俗的含义，但它本身是一种造型艺术，遵循着它自身的艺术规律与原则，不失为艺术百花园的珍品，是骠悍、凶猛、狰狞、威武、严厉、稳重、深沉、冷静、英气、狂傲、奸诈、滑稽、忠诚、正直、刚烈、反常、和蔼、温柔、妍丽、慈祥等性格的形象塑造，各种千姿百态的面具造型一经展示，便让人获得无穷的艺术美感，骠悍之美、凶猛之美、狰狞之美、刚烈之美、英气之美……无不显示其中。

其次，除面具之外，其他砌末道具的制作同样匠心独运，寓意深刻，工艺精妙。如傩舞《舞滚灯》中的“滚灯”的制作，内外两个交错的圆球，同时360度旋转、滚动，而中心点燃的烛火不灭，工艺极为巧妙；又如迎神、朝庙傩仪活动中的十八般兵器“銮驾”仪仗，由锦缎刺绣的莲花瓣连缀起来的百代伞、黄龙伞、万民伞和香盘锦垫上绣作的“八仙图”等，如贵池刘街荡里姚的“孝伞”，将古代“二十四孝”中24个人物故事，用刺绣的方法绣在伞的围幛上，特别是放置傩神面具的“龙亭”（又称“銮驾”）的制作，玲珑剔透，华丽精巧，雕梁画栋，金碧辉煌，据村民介绍，过去制作一副龙亭，需要花几百担稻，费时数年，这足见其技艺之精巧。

池州傩事活动在举行迎神、朝庙时，许多宗族都举行出巡仪式，其仪仗争奇斗艳，傩乡民谚云“南边旗，荡里伞，刘锣戴铳汪扎板”就是各族仪仗相互竞艳的精辟概括。如贵池刘街姚村的傩神会仪仗队有：开锣1对、高灯1对、肃静牌2块、回避牌2块、傩戏会牌2块、提炉4个、香盘4个、宫灯4盏、鸾驾2副，还有彩旗队、伞队、细乐队，这与古代朝廷官员出巡仪式没有两样，由此可考证中国古代仪仗情况。

池州傩砌末道具吸收和融汇了儒、释、道、巫的宗教意识，真实地再现了古代群众祈神保佑、驱鬼逐疫、祛灾纳福的美好愿望，是研究古代民俗文化、地域风情不可多得的物态文化资源。这些道具中还融入了民间雕塑、刺绣、剪纸、绘画等多方面民俗工艺的元素，它们是民间艺术的精华，具有极高的艺术欣赏价值。

三、傩腔小调——颇具民俗特色的唱腔

池州傩音乐包括声腔和伴奏两个方面。在声腔曲调运用上无角色行当唱腔，而是运用朴素的戏剧性手法，根据不同性格的人物与思想感情表现，选用不同情趣的曲调，主要采用的声腔有高腔、傩腔两大类。一般而言，正面人物中生、旦等角色大体是较典雅、庄重的曲牌，多为高腔：而属于净丑一类的角色，则往往采用诙谐、轻松的杂腔小调，多属傩腔。

在中国戏曲发展的过程中，曾形成了影响甚巨的“青阳腔”。青阳腔又名池州调，一般认为青阳腔是“浙江的余姚腔和江西的弋阳腔于明嘉靖年间

相继传入（池州）青阳后，同当地的民间曲调汇合形成”[①]；而纪永贵教授则认为“（流行于皖南）目连戏、佛道音乐、傩戏等就是青阳腔的文化之源”[②]，“（池州）傩戏的高腔与青阳腔曲牌唱腔相关，高腔、帮腔、锣鼓等特征与青阳腔一致。傩戏中甚至还有滚唱。很难说傩戏是青阳腔的源头，但却可以肯定，它与青阳腔同宗同源，或者也有可能是青阳腔成熟之后回传的结果”[③]。由此，我们可以判断现存池州傩戏中的高腔即是青阳腔在池州傩里的遗存或者说是青阳腔的同版声腔，其特点是运用长短句唱词，表演质朴，曲词通俗，曲调高亢、激昂，音域宽，旋律跳动大，节奏富于变化，且一人唱而众人和，只用金鼓击节，没有管弦乐伴奏。高腔的音乐属曲牌结构，诸剧种的高腔曲牌各有数百支之多，高腔唱腔还有一个特点，即“滚唱”。滚唱又称滚，其形式及其在唱腔中的位置都比较自由，常常是对偶句的形式，但也不乏长短句。高腔属曲牌体，曲牌有［新水令］［四朝元］［天下乐］［马不行］［驻云飞］等几十种。唱词多以长短句为主，间用五、七言韵文或四、六骈语（多用于“滚唱”），词腔结合“字稀腔长”，并有大段行腔，其板式有散板、一板几眼、有板无眼等。2006年，“池州傩戏”与“青阳腔”经国务院批准列入第一批国家级非物质文化遗产名录。

傩腔是傩戏独有的颇具地方特色的唱腔，属花腔小调，源于不同时代流行的民歌俗曲（包括山歌、号子、采茶、船歌、莲花落等民间俚曲），甚至借用道士、和尚念经的声腔，一并汇集于傩腔表演中，使傩戏在唱腔上曲调质朴、流畅，接近口语，通俗易懂，有着浓郁的乡土风味。傩腔主要采用齐言体唱词，多为六、七言唱词，其基本句式，六言为“三三”，七言为“二二三”。唱词声调上仄下平，腔词结合，一字一音，极少用拖腔，节奏较为整齐，有规律，旋律比较定型，音阶和调式偏重于小调色彩。傩腔基本属“一曲多用”。一首曲调可以反复演唱多段唱词，字腔一般不作过于严格的处

---

① 辞海编辑委员会编：《辞海》（缩印本），上海辞书出版社1985年版，第1987页。

② 纪永贵：《青阳腔研究》，安徽文艺出版社2018年版，第305页。

③ 纪永贵：《青阳腔研究》，安徽文艺出版社2018年版，第290页。

理，旋律亦无明显变化，适应性强。如傩戏《孟姜女》中就有民歌《十二月送寒衣》《杵墙季歌》《十二月贤人歌》《十二月花开歌》以及《采茶歌》《私采茶》《官采茶》等。

傩腔的基本结构一般是由呼应式二乐句和起、承、转、合的四乐句组成的单段体。乐句结构第一句大多结束在调式属音或下属音上，形成半终止，第二句结束在主音上形成全终止。两句的旋律或者大体相同，或者是一起一伏地相呼应，构成有机统一体。四乐句组成的单段体结构，一般是二乐句曲式的变化发展和不同程度的扩充。因此它比二乐句组成结构要完整，表达功能也较强。

在演唱形式上，傩腔的演唱，不同于高腔以本嗓、小嗓（假嗓）结合的演唱方法（艺人称为“阴阳嗓”），一般都用本嗓（真嗓）演唱，操乡音土语，演员都是根据自己的嗓音高低自由定调，没有丝弦乐器伴奏，句间衬以简单的锣鼓伴奏，即使是同一剧目，各村所用曲调亦不尽相同。显然，这是戏曲声腔的幼年期特点，人声帮腔，仍沿袭“一唱众和”与“其节以鼓其调暄”的演唱特点。演唱形式既有独唱，也有对唱，还有在场角色的合唱（即齐唱）与后台人员（包括武场人员）帮腔。帮腔皆在每句唱词的后半句，二字、三字、四字不等，也有整句，甚至整段帮和的。帮腔时锣鼓与唱腔同步进行，称“靠腔锣鼓”，颇有气势。

池州傩带有浓厚的宗族色彩，始终限于祭祀演出，扎根于当地民众的生活之中。它既无职业班社，亦无专业艺人，演员皆由各宗族按房头摊派男丁担任。演唱艺术的传授，大都是以“口传心授”的民间传袭方式传授，有父子相传和宗族师承两种形式。因此它的唱腔风格特别是傩腔部分基本沿袭古老戏曲声腔不变，演唱者世代相传，这或许从一个侧面证明了池州傩腔的古老性和原生态特质，这种质朴无华的世俗音乐在延续不断的宗族传承过程中，逐渐形成为具有地方特色的民间艺术。

此外，佛教四大名山之一的九华山乃地藏王菩萨道场，池州因毗邻佛教圣地，人们信奉佛法，因而有意无意地将佛教思想潜移默化地融于池州傩文化之中。如池州各宗族傩神会都有“和尚”面具，该面具耳朵肥大，下垂到腮部，笑容可掬，和蔼可亲。在傩事活动中，还有诸如“烧纸船”“周仑斩妖”“烧净粑”等各种驱除瘟疫、消灾除邪的富有宗教文化内涵的仪式。在傩戏演出活动中，有一个“新年斋”仪式（类似宋代“乔三教”），即三个假面僧模仿佛事做斋，村民则扮成信士第子，手捧信香，随和尚绕桌环行。吃“腰台”时，个别家族“吃斋粥”，即用豆腐、肉丁、豆角和切碎的腌菜，混在米里煮粥，粥内放油盐，每人一碗粥，不仅演戏的可以吃，还可以带回去给家里人吃。据说，吃这种斋粥可“消灾纳福”。每年正月演傩戏时，家家户户除了备办三牲盘外，还用糯米粉做成“鲤鱼跳龙门”“麒麟送子”“天官赐福”“寿桃”等素食糕点，称为“供粑”，送进祠堂作为祭傩神的供品。在演傩戏期间，凡来村看戏或走亲访友的亲朋、外宾，临走时，各家都赠送客人供粑，以示吉祥喜庆之意。池州傩的娱人特性，决定了其在当地民俗文化中的重要作用和意义。

四、傩荤现象——生殖崇拜文化的“活化石”

在傩文化研究中，有学者已经注意到一种充盈傩坛的文化现象，那就是傩事活动中所显发出来的强烈的生殖崇拜、祖先崇拜、巫术崇拜等文化意识，以至于民间流传着“傩神无荤不灵”的俗谚，我们把傩文化中存在的以生殖崇拜为主旨的文化意识称为“傩荤现象”，它印证了先民祭祀过程中崇拜生殖的事实，体现着先民以繁衍生殖为内核的精神文化和社会观念。

在“荤”的问题上，儒家道德哲学作了委曲求全的让步。在传统的宗法关系中，婚姻的目的是“上以事宗庙，而下以继后世也”。“事宗庙”即祭祀祖先，“继后世”即传宗接代。而男性是祖宗血缘继承者，所以“事宗庙”“继后世”又直接同重男相联系。几千年来，怕断香火绝子嗣的思想在人们头脑中顽固盘踞着，人们竭尽全力运用各种各样的方式方法来祈子求嗣，攘灾祈福、驱邪逐疫的池州傩事活动也广泛被乡民们当作一种祈子求嗣的文化手段，并且逐渐发展成傩的主要内涵之一。各宗族的傩戏搬演时间多定于正月初七“人生日”①这天，其深层蕴义是想要借“人生日”能“生人”的迷信习俗来实现祈子求嗣的迫切愿望，解决“事宗庙”“继后世”的现实难题。显然，池州傩皈依的仍是以致用伦理型的儒家文化为依据。

在池州傩事活动中，祈子习俗形式多样，仪式隆重，如《抢灯伞》《舞钱伞》《接马杯》《张仙送子》以及《和尚采花》等。如在贵池刘街源溪曹宗族，在傩事活动当天，有人不断敲锣打鼓向傩神会送“灯伞”。灯伞呈T形，形如罗伞状，“天形如张盖”，共两层，每层挂12盏如卵形，用竹丝扎制、纸糊、内燃明烛的灯笼。下午二时许，村民开始朝社。当朝社队伍簇拥着灯笼，浩浩荡荡来到社树下时，人们一拥而上，哄抢灯伞上的灯笼。据说，将灯笼抢回家挂在新婚或久婚不育夫妇的房里，夫妇便会生子。贵池刘街乡源溪曹、源溪金，在社树下跳《舞钱伞》者有二人，一人戴天帝面具，手执五色纸伞；一人戴土地面具，手执木制的古铜钱。古铜钱外观呈圆形，内有方孔，舞蹈在锣鼓声中开始，天帝手中的伞对着土地手中的钱孔，按方位不停地旋转。有神话传说，古时阴阳二神开天辟地，化生万物，阴阳相交，孕育了一切生命。而在贵池茅坦山湖村的“骑马逐疫”活动中，以踩竹马和踩高跷马的方式，扮演花关索与鲍三娘的故事，表演前，先进行“献马杯”，即将生育子女的人家所献红蛋，用托盘一一捧献给“头马”花关索，头马接蛋传递给鲍三娘，鲍三娘将红蛋从头马腹下穿过，然后传递给其他几匹马，最后再交给专人，装进竹篮，供上神案，以备晚上“踩马”后分给接马杯乞子的人家。据说，将求得的红蛋带回家让青年夫妇分吃，便会生儿育女。池州傩表演程式中的这些祈子仪式，具有典型的生殖祭典的特征。因此，池州傩不失为中国古代生殖崇拜文化重要的“活化石”。

---

① 人生日，亦称人节、人口。

第四节　戏曲学价值

“戏剧世界是人类文化的宝库，是各类艺术精华荟萃之所在。戏剧最能体现一个民族文化的素质，戏剧集中地展示出一个民族的文学、音乐、舞蹈、美术、建筑的水平和成就。它综合了上述艺术的因素和手段，形成了自身的特质。”①池州傩以其古老、丰厚、质朴的魅力及在演出形式、面具、唱本、剧目、唱腔和道具等方面葆有古老、完整的结构及特色，被誉为“戏曲活化石”，它给文化艺术尤其是戏曲艺术的起源和发生带来了诸多信息，也为中国戏剧学的研究提供了“活”性资料。概括起来说，池州傩对中国戏曲发展史学的文化学术价值主要表现在以下几个方面：

一、歌舞杂戏——中国戏曲的最早形式

纵观中国戏曲发展史，宋元时期应是中国戏曲发展的成熟期，其代表形态是南北宋之交时在东南沿海一带形成的南宋戏文，以及金元之交时在北方中原地区形成的元杂剧。而戏曲形成的最初过程则发生在北宋，基础是宋杂剧，它是宋代各种歌舞、杂戏的统称，是中国戏曲的最早形式。宋代的杂剧继承了唐参军戏、歌舞戏的传统，又广泛吸收民间说唱、杂耍、武艺和唐宋大曲，形成了一种新的歌舞与故事表演初步结合的艺术，是由滑稽表演、歌舞和杂戏组合而成的一种综合性戏曲。北宋的杂剧分为“艳段”和“正杂剧”两个部分，到了南宋，杂剧增加了“杂扮”，变为三个部分，即“艳段”“正杂剧”“杂扮”。其中，“艳段”是在正剧上演前表演的一段日常生活中的熟事；“正杂剧”是杂剧的主体，表演的是一个完整的故事；“杂扮”是由

① 周德育:《中国戏曲与中国宗教》,中国戏剧出版社1990年版,第2页。

民间的滑稽戏演变而来的，作为杂剧之后的散段，又称“杂班”或“拔扣”。后来，北方的杂剧逐渐发展为元杂剧，南方的杂剧逐渐发展为宋元南戏。宋杂剧的出现是中国戏曲渐趋成熟的标志。

池州傩至今保持着宋杂剧的诸多特征，特色鲜明。池州各宗族正戏演出前必有形似“艳段”的傩仪、傩舞，正戏后还有如同“杂扮”的“新年斋”“问社公”“舞判”等表演。演出剧目有《刘文龙》《孟姜女》等，其题材多与宋元南戏旧篇相同，剧本结构一本十数出（亦作回）或数十出，篇首有“报台”，即以几句诗概括全剧的故事情节，颇似古南戏的结构。如傩戏传统剧目《刘文龙》，其描绘了汉朝刘文龙与其妻子萧氏悲欢离合的故事，这个故事在宋代已流行，原名《刘文龙菱花镜》，早已亡佚，然该剧目却较完整地保存在池州傩中。傩戏《孟姜女》（又名《范杞良》），描写的是孟姜女送寒衣、哭倒长城的故事，从唐代始，这个故事就在民间广为流传，如唐人著作《同贤记》，池州傩戏《孟姜女》的表演至今仍保持着唐代“踏摇娘”的风格，也积淀着宋杂剧的很多成份。另外，池州傩剧目《章文显》，其故事情节类似南戏《袁文正还魂记》和元杂剧《包侍制智斩鲁斋郎》。傩戏《摇钱记》（又名《摆花张四姐》），《陈州放粮》（又名《陈州粜米记》或《打鸾驾》），《宋仁宗不认母》、《薛仁贵征东记》（又名《打虎》或《薛家将》），《花关索》等，均源于明成化时期刊本《说唱词话》，其中后四种分别与《说唱词话》中的《新刊全相说唱包龙图陈州粜米记》《新刊全相说唱足本仁宗认母传》《薛仁贵平辽记》和《花关索出身传》内容基本一致，有的甚至完全相同。这表明池州傩很多剧目与明成化时流行的词话关系密切，这为研究我国民间戏剧史、南戏与说唱文学的联系，提供了“活”的标本。同时，池州傩表演形态兼具戏曲文学与说唱文学的双重属性，也为探索中国戏曲史多姿多彩的表演形态和剧本文学形态，提供了鲜活的样本，极具学术价值。

二、娱神娱人——中国戏曲的宗教环境

回顾中西方国家戏剧发生、发展的历程，有一种文化现象我们已经达成共识，即戏剧的萌芽阶段无不与人类“童年”时期的宗教崇拜紧密联系在一起。但如果我们再深入一点又似乎可以发现，欧洲国家自文艺复兴之后，原本与宗教密不可分的戏剧纷纷与宗教脱钩，成为完全独立发展的社会文化活动。而处于世界东方的中国，情况则有所不同，尤其是那些带有地域文化特色的民间戏曲更是这样，“从艺术体制上说，虽然自元代杂剧开始，就已完全摆脱了原始状态，形成了健全的、独特的艺术体系，但作为一种社会文化现象，中国的戏剧与宗教迷信活动仍然保持着纽结不解的联系，它在广大的社会范围内的流行，还得仰仗宗教、民俗的拖带和支持”①。傩戏起源于傩仪，是傩祭仪式的娱神向娱人发展变化的结果，即遵循傩祭—傩舞—傩戏的演变形式，傩戏是傩祭在娱神的基础上吸收了戏剧中的娱人成分后的一种发展形态，是宗教与艺术相结合的产物，因此“傩戏的演出是和宗教仪式紧密结合的，保存了戏剧最为古老的传统”②。

池州傩戏正是古老的傩祭在民间经过长期演变并与戏剧结合后的产物。作为“农业民族宗教崇拜性戏剧，与纯娱乐性戏剧不同，它把庄严的内容融化到表演中去，使观众理解到这种演出是为农业丰收和家宅平安而祈求神灵保护”③。池州傩具有极强的原始性和宗教祭祀性，包摄着上古动物崇拜、祖先崇拜、鬼神崇拜的原始观念，以及高谋之祭、生殖崇拜和多种巫术巫仪等原始文化意识。这些原始古朴的宗教信仰与意识大多隐藏在山民虔诚的傩仪、傩舞、傩祭之中。在傩舞《打赤鸟》《舞回回》《舞伞》《舞滚灯》《舞古老钱》等剧目中即或多或少或间接或直接地寄寓和表现了这些原始文化信

① 陈抱成：《中国的戏曲文化》，中国戏剧出版社1995年版，第156页。

② 贵州省德江县委宣传部：《傩魂——梵净山傩文化文选》，贵州民族出版社2003年版，第61页。

③ 贵州省德江县委宣传部：《傩魂——梵净山傩文化文选》，贵州民族出版社2003年版，第61页。

息。在傩戏演出前后繁杂的仪典如“迎神下架”“请阳神”“送神上架”“朝青山庙”等中亦具此类信仰。这些乡民年复一年、代代相传、虔诚执着地举行傩祭、傩仪、傩舞，意在迎神降神、娱神敬祖、驱邪逐疫，具有强烈的宗教祭祀功能、巫术神秘功能，而乡民搬演傩戏则更多的是着眼于祭祖娱人和敦风化俗的社会功能和文化功能。

虽然在多元文化、新媒体充斥的现代社会，池州傩的观赏、娱人价值难以和其他林林总总的当代艺术相提并论，但是，只要我们揭开傩戏宗教祭祀的神秘面纱，那么它展现在世人面前的仍不失其戏曲文化的风采。傩戏作为一种戏剧或者准确地说作为一种地方性戏剧，和其他戏剧一样，也有其剧目、人物、情节、道具等戏剧构成要素。当然由于生存于民间，作为草根阶层出身的编、导、演缺乏理论铺垫，兼之池州傩事活动必须遵循祖制进行，所以傩戏相对于其他普通戏剧而言，演变的速度是缓慢的。但傩从祭祀仪式发展演变成为傩戏的过程中，却忠实地记录了戏剧尤其是中国戏曲历史产生、发展的轨迹。因此，从傩戏这一古老文化现象中，我们可以窥探出我国戏剧的早期形态，从而为研究中国戏剧发展史提供了借鉴。

三、傩戏面具——中国戏曲的脸谱艺术

脸谱是中国戏曲艺术的重要组成部分，也是戏曲艺术的重要特征之一。脸谱艺术的发展与中国戏曲的发展是密不可分的，脸谱起源于面具。有研究者认为，在南北朝和隋唐乐舞节目中就有了“假面歌舞”，如唐代歌舞《兰陵王入阵曲》里，扮演兰陵王的演员就要戴上面具，这假面具可能就是戏剧中脸谱的起源，脸谱的鼻祖。“傩戏面具的功利目的是祀神灵、逐鬼疫，随着社会的发展，从娱神逐步向娱人转化。”[①]由于舞台表演艺术的发展需要，戴面具演戏越来越不利于演员面部的表演，于是艺人们就用粉墨、油彩、锅

① 贵州省德江县委宣传部:《傩魂——梵净山傩文化文选》，贵州民族出版社2003年版，第133页。

烟子等代替面具，根据戏中角色行当、人物性格等直接在脸上进行符号勾画，以表达更为复杂丰富的观念和表情，这样就逐渐产生了戏曲面部化妆的脸谱。唐代诗人孟郊的《弦歌行》中就有“涂面”的记载“驱傩击鼓吹长笛，瘦鬼染面惟齿白”，即表明了用染涂脸面表现鬼神的形象。在宋院本和元杂剧的演出中，则出现了面部中心有一大块白斑的丑角脸谱，目的“务在滑稽”。元代杂剧盛行，出现了元杂剧正面人物中的“整脸”的谱式，突破了过去副净那种白底黑线的基本格调，带有某种性格的色彩。至明清两代，随着传奇剧和地方戏的兴起、繁盛，剧目题材人物角色不断增多，行当分工更细，脸谱艺术更趋于丰富、完善。

从罗隐描述贵池人祭祀昭明太子为“天下鬼神师”的诗句来看，池州傩面具应该在唐朝即已出现，且可能是狰狞恐怖的样式。通过对池州现存的27枚清代和明代傩面具的研究，我们不难发现有一个共同特点，那就是傩戏面具的造型已完全摆脱巫傩文化中的狰狞、恐怖的样式。“傩戏的面具艺术在中国戏剧史上独树一帜，傩戏面具大多是根据剧中人物的性格设计的，虽有夸张，但接近生活的真实，表演也不像宗教戏剧那样神秘，少恐怖，给人一种亲切感。”[①]池州傩面具所创制的傩戏人物面具大部分都是方面大耳、慈眉善目、雍容富态，根据剧中人物性格刻化的需要，用世俗化的手法加以描绘，以贴近现实，给观众以愉悦感，从而获得普通民众的喜爱和接受。池州傩之所以被冠以中国戏曲“活化石”的称号，在一定意义上也与其仍旧头戴面具演出的习惯是分不开的，从这一角度看，面具可算是戏曲脸谱历史中的活化石。

① 贵州省德江县委宣传部：《傩魂——梵净山傩文化文选》，贵州民族出版社2003年版，第61页。

第五节　教学性价值

任何区域文化都是因地缘、人文、政治和经济等因素综合地产生和历史地积淀而形成，所以它极富个性特色又折射出传统文化的共性特征。池州傩文化也如此，它是中国傩文化的重要组成部分，有着乡傩驱邪逐疫的傩祭共性，但它又与宗族紧密地联系在一起，在宗族内代代传承，没有职业的巫师，即使在池州一隅各族的傩事活动也互不影响，有着自己的独特个性。这一珍贵的文化遗产所包容的学术价值正如上文所析极为丰富，是学校实施优秀传统文化素养教学的重要资源。因此，除却学术价值外，池州傩还具有"文化性教学价值"，主要体现在以下四个方面。

其一，史实考证性的教学价值。即从现存的傩文化事象中，析出其文化原生形态和历史陈迹，从而使学生认知某种文化的历史渊源。由于"现在发展的'傩乡'，大多数是在偏僻的地区，交通不便，与外界的交流极少，傩戏生存在相对封闭的环境中"①，所以傩舞、傩戏始终保持着其原始古朴的水平和旧貌。池州傩正是如此，它封闭地续演于贵池东南部山区，数百年世代沿袭，保留着原始戏曲的形态，被学术界誉为中国"戏曲活化石"。如贵池傩戏剧本中有一部分是说唱词话本，这里以《陈州放粮》为代表，它的唱词句式皆为七言，它与"上海嘉定出土的明代成化刊本（说唱词话）十六种之一《包龙图陈州粜米记》完全相同。这对研究民间戏剧史、研究南戏与说唱文学的关系，提供了活标本"②，证明了"与南戏兴盛局面相呼应的是一些有较高文化修养的人对民间戏文进行了不同程度的修改编定工作"③，明

① 钱茀：《傩俗史》，广西民族出版社2000年版，第134页。

② 钱茀：《傩俗史》，广西民族出版社2000年版，第136页。

③ 麻文琦：《中国戏曲史》，文化艺术出版社1998年版，第62页。

清传奇也正是“从南曲戏文中破茧而出的一种新的南剧体制”[①]。此类化石性的标本在池州傩文化里尚存在不少，如傩舞《舞回回》是唐乐舞“醉胡腾”的孑遗，《舞伞》是汉“绂舞”的遗存，《舞古老钱》是宋代“抱锣”的遗留等。这些罕见的“活化石”是我们认知历史的极其珍贵的教学材料。

其二，宗教学教学价值。宗教“是支配人们日常生活的外部力量在人们头脑中幻想的反映，在这种反映中，人间的力量采取了超人间的力量的形式”[②]。在傩文化里，这种宗教学的教学价值颇为浓厚。傩，起源于远古的驱鬼逐疫仪式，是一种原始宗教的巫文化现象。傩仪是傩文化里最庄重的部分，它由一系列宗教祭祀活动组成，有请神、迎神、娱神、送神等环节，而神的载体便是那些具有灵性的面具，无论是傩舞还是傩戏活动均需配戴假面进行。池州傩里，各族面具数目不等，多则数十枚，少则十数枚，一枚面具便是一位神灵的附体。在这些假面的背后，我们可以解读出先民的自然崇拜、祖先崇拜、鬼神崇拜及万物有灵的原始观念，其实质“是由对超自然实体即神灵的信仰和崇拜来支配人们命运的一种社会意识形式”[③]。池州乡民虔诚执着地举行傩祭、傩仪、傩舞，意在降神迎神，驱邪逐疫，具有强烈的宗教祭祀功能和巫术实用功能。这是一种遗存下来的原始宗教文化形态，颇具教学价值，可使学生对上古时期先民的多神灵崇拜有一准确地认识。

其三，民俗学教学价值。民俗即民间的风俗习尚，是由一个国家或民族中广大民众所创造、享用和传承的生活文化。任何地方性文化在其生成和传承的过程中，都会伴生出该地独特的民俗文化，认识之，不仅对该地中下层劳动人民的社会生活和心理有所了解，也有益于进一步理解传统文化。池州傩文化里就存留着十分丰富而又鲜活的民俗事例材料，如“吃邀台”习俗正是古代“送穷”习俗在傩文化里的遗存。“送穷”是古代社会一种较为普遍的习俗，如唐朝诗人姚合的《晦日送穷》诗云“万户千门看，无人不送

① 麻文琦：《中国戏曲史》，文化艺术出版社1998年版，第58页。

②《马克思恩格斯选集》(第3卷)，人民出版社1972年版，第354页。

③ 王锐生，薛文华：《马克思主义哲学原理》，高等教育出版社1993年版，第437页。

穷”①。明清民国时期贵池的“送穷”习俗除主要“以正月二十九扫除星舍尘积投水”②外，在合族举办的傩事活动中，也存在“送穷”的傩除习俗，集中体现在“吃邀台”上。“邀台”是指傩戏演到午夜休息时，由年首在祠堂神案前办夜餐招待，吃过后继续演出，此风俗各族皆然。“邀台”的形式一般是将豆腐、酸菜、猪肉各两碗，放入小铁耳子锅内，谓之“一品锅”（取“一品吉祥如意”之意），另有一壶酒，八人一桌，演戏、看戏者都可以吃，席间要说吉利话，一般最后至少要剩一夹菜、一杯酒，取“年年有余”之意。从取意来看，“邀台”反映了族人的祈福纳吉愿望，从招待的常理来看，这样的“邀台”颇为寒酸，有的家族的“邀台”较之上述的标准更低，如荡里姚姓家族的“邀台”是吃“斋粥”，先将豆腐、肉丁、豆角、腌菜切碎，混在米里煮粥，再放点油和盐，吃时桌上无菜无酒，演员和观众都吃粥；源溪曹姓家族的“邀台”更为窘迫，年首只供应一瓶酒，演员和观众自带一小碟咸菜就餐。新春正月里，年首举办如此酸楚的招待夜餐，演员和观众不仅毫无怨言，而且吃得津津有味，其由何在？王兆乾先生认为是古人“送穷鬼”的风俗与傩事相结合而形成一种“送穷”的傩除习俗，如“缟溪曹在请神的演出时端咸菜于神前，表示自己家穷，以求众神怜恤赐福，也（正）是送穷的遗意”③。因此，“吃”仅是形式，内在的本质是“送穷”，表达了族人期盼家道富裕、宗族殷实的深切愿望。此外，山湖村的“接马杯”、源溪曹的“抢灯伞”等祈子习俗，既典型地反映出山民酬神纳吉、求子祈福的功利心理，又说明了“贵池乡村的祭神仪式及其傩戏表演，既有神圣的一面，又有凡俗的一面，由此推及中国的民间信仰及其崇拜仪式正是神圣性与凡俗性的结合”④。这些不仅是民俗学研究的重要材料，也是学校推进和深化人文素质教育中极具民俗学教学价值的资材，有益于学生对祖国传统文化和现实社会生活的进一步认识。

---

① 杨启孝：《中国傩戏傩文化资料汇编》，台北施合郑民俗文化基金会1993年版，第109页。

②〔清〕陆延龄：《（光绪）贵池县志》，卷一《舆地志·风土》，清光绪九年（1883）刻本。

③ 王兆乾：《安徽贵池乡村傩事活动中的戏剧演出及其研究》，《黄梅戏艺术》，1997年第2期。

④ 周显宝：《皖南傩戏、目连戏及其青阳腔与仪式的原生形态》，《音乐研究》，2004年第2期

其四，戏曲学教学价值。戏曲是中国传统戏剧的统称，它是由歌舞、音乐、杂技、武术等多种成分组成的高度综合性艺术。这种传统戏曲的综合性在池州傩文化里得到印证。如贵池柯村的“舞判官”傩舞是穿插在正戏《孟姜女》中表演的，“从这场戏剧的结构看，舞蹈并非戏剧情节发展的必然，镶嵌的痕迹非常明显，表现出早期中国戏曲由多门艺术综合的痕迹”①。再如山湖村的傩舞“高跷马”，演绎的是“花关索大战鲍三娘”的故事，搬演者踩高跷的技艺娴熟，动作幅度较大，刚健有力，行走自如，能敏捷灵活地前行、后退，左、右移动或转身，融入了杂技、武术甚至巫术绝活，并与祈子习俗、除病消灾、驱邪逐疫等民间信仰和仪式相结合，互生共荣，确是一种高度综合性的戏曲表演艺术。池州傩戏所用唱腔以高腔、傩腔为主，而以“滚唱”为特征的高腔与青阳腔的曲牌唱腔相关，“可能与青阳腔同宗同源，或者也可能是青阳腔成熟之后回传的结果”②。而青阳腔对中国戏曲的影响，自乾隆以后又是“影响最大，流传的地区也很广”③的一种声腔。这种声腔“从皖南出走之后，走上了一条不归之路。因而皖南本土并没有青阳腔的文化遗产”④，也就是说青阳腔在其源生地已然消失，但在存活、传承于民间乡野的傩戏里保留了下来，至少可以说保留了与青阳腔同源的声腔。因此，池州傩戏不仅具有极高的戏曲学研究价值，也是戏曲音乐史教学中极有价值的素材。

综上所述，池州傩作为中国傩文化的重要组成部分，既深受古楚文化的浸润，又有着皖南山区特有的民俗文化的品质，除却上述历史学、宗教学、民俗学、戏曲学的学术价值外，还有文化人类学、考古学、人文地理学等方面的内涵及研究价值，是一个意义重大且可持续研究的学术课题。通过对池州傩深入细致的个案考察和实证研究，有助于加深对中国傩文化的理解和把

① 何根海，王兆乾：《在假面的背后——安徽贵池傩文化研究》，安徽大学出版社2000年版，第90—91页。

② 纪永贵：《青阳腔研究》，安徽文艺出版社2018年版，第290页。

③ 麻文琦：《中国戏曲史》，文化艺术出版社1998年版，第65页。

④ 纪永贵：《青阳腔研究》，安徽文艺出版社2018年版，第305页。

握，可以厘清和印证中国戏剧史、文化史和学术史上的一些复杂问题，帮助我们更准确地理解中华民族文化的精髓。加强对池州傩文化的研究，对研究中国古代的文化艺术，民间宗教的发生和嬗变，宗教结构，宗法关系，山民信仰和皖南地区政治、经济、民风民俗，长江中下游文化等均有较高的学术价值和珍贵的史料价值。通过认真严谨的阐释和解构，我们可寻绎山民跳傩的行为、仪式、情感、意志与信仰所系结的隐秘的心灵真实、历史和文化真实。从这个角度看，研究池州傩文化是一项具有学术开拓性质的工作，具有弥补学术空白的理论意义和现实意义。

正因为这样，池州傩已引起海内外十多个国家和地区专家学者的关注与研究兴趣。但从池州傩的现实生存状态来看，似有日渐式微、走向消亡的隐忧。正因如此，池州傩戏被国务院列入首批国家级非物质文化遗产保护名录予以保护，也更需人们在进行抢救性调研的基础上，深入细致地加以考察和实证研究。为了更好地保护、传承这一珍贵的非物质文化遗产，我们编著此书，以期能在学堂上教授池州傩文化的一些基本知识，从而让更多的学子了解它、认识它。

主要参考文献

(一)典籍文献

[1]〔明〕王崇.《池州府志》,明嘉靖二十四年(1545)刻本。

[2]〔清〕郎遂.《杏花村志》,清康熙二十四年(1685)刻本。

[3]〔清〕张士范.《池州府志》,清乾隆四十三年(1778)刻本。

[4]〔清〕陆延龄,桂迓衡等.《贵池县志》,清光绪九年(1883)刻本。

[5]贵池《姚氏宗谱》,清光绪三年(1877)重修刻本。

[6]《(梨村)章氏宗谱》,民国十六年(1927)重修印刷本。

[7]〔明〕彭泽,汪舜民.《弘治徽州府志》(影印),上海:上海古籍书店,1982年。

[8]〔清〕朱骏声.《说文通训定声》,台北:艺文出版社,1994年。

[9]〔汉〕郑玄注,〔唐〕孔颖达疏,龚抗云整理,王文锦审定.《礼记正义》,北京:北京大学出版社,2000年。

[10]〔宋〕朱熹著,王燕均、王光照点校.《朱子全书》(第7册),上海:上海古籍出版社,2002年。

[11]胡平生,陈美兰译注.《礼记·孝经》,北京:中华书局,2007年。

[12]〔清〕顾炎武著,黄汝成集释,栾保群、吕宗力校点.《日知录集释》,上海:上海古籍出版社,2014年。

(二)论著

[1] 贵池戏曲志编辑室.《贵池戏曲史料集》(内部资料),1989年编印,池州学院图书馆藏本。

[2] 贵州省文化厅艺术研究室.《傩·傩戏·傩文化》,北京:文化艺术出版社,1989年。

[3]〔美〕凯西·F.奥特拜因.《比较文化分析:文化人类学概论》,郑州:河南人民出版社,1990年。

[4] 周育德.《中国戏曲与中国宗教》,北京:中国戏剧出版社,1990年。

[5] 顾朴光.《中国傩戏调查报告》,贵州:贵州人民出版社,1992年。

[6] 王兆乾.《傩戏·中国戏曲之活化石——全国首届傩戏研讨会论文集》,合肥:黄山书社,1992年。

[7] 王兆乾.《安徽省贵池市刘街乡源溪村曹、金、柯三姓家族的傩戏》,台北:财团法人施合郑民俗文化基金会,1993年。

[8] 杨启孝.《中国傩戏傩文化资料汇编》,台北:财团法人施合郑民俗文化基金会,1993年。

[9] 陈抱成.《中国的戏曲文化》,北京:中国戏剧出版社,1995年。

[10] 王兆乾.《安徽贵池傩戏剧本选》,台北:财团法人施合郑民俗文化基金会,1995年。

[11] 池州地区地方志编纂委员会.《池州地区志》,北京:方志出版社,1996年。

[12] 吕光群.《安徽贵池傩文化艺术》,合肥:安徽美术出版社,1998年。

[13] 麻文琦.《中国戏曲史》,北京:文化艺术出版社,1998年。

[14] 钱茀.《傩俗史》,南宁:广西民族出版社,2000年。

[15] 何根海,王兆乾.《在假面的背后——安徽贵池傩文化研究》,合肥:安徽大学出版社,2000年。

[16] 王兆乾,胡忌.《仪式性戏剧与观赏性戏剧》,《戏史辨》第三辑,北

京：中国戏剧出版社，2001年。

[17] 赵秀玲.《中国乡里制度》，北京：社会科学文献出版社，2002年。

[18] 曲六乙，钱茀.《中国傩文化通论》，台北：学生书局出版社，2003年。

[19] 林济.《长江流域的宗族与宗族生活》，武汉：湖北教育出版社，2004年。

[20] 朱万曙，卞利.《戏曲·民俗·徽文化论集 》，合肥：安徽大学出版社，2004年。

[21] 陈宝良.《明代社会生活史》，北京：中国社会科学出版社，2004年。

[22] 王兆乾，吕光群.《中国傩文化》，汕头：汕头大学出版社，2007年。

[23] 孟凡玉.《假面真情：安徽贵池荡里姚傩仪音乐的人类学研究》，北京：文化艺术出版社，2013年。

[24] 何根海.《池州傩舞：神人交感的祈禳巫舞》，南京：江苏凤凰美术出版社，2016年。

[25] 何根海.《池州傩仪：神人到场的村落祭仪》，南京：江苏凤凰美术出版社，2016年。

[26] 何根海.《池州傩戏：神人共娱的戏曲狂欢》，南京：江苏凤凰美术出版社，2016年。

[27] 纪永贵.《青阳腔研究》，合肥：安徽文艺出版社，2018年。

[28] 何建民，张邦启.《戏曲活化石——池州傩》，合肥：安徽文艺出版社，2018年。

[29] 谈家胜.《宗族社会与池州傩戏的关系研究》，南京：江苏凤凰美术出版社，2018年。

(三)论文

[1] 王兆乾.《安徽省贵池市刘街乡太和章村的傩神会》，(台北)《民俗曲艺》第84期，《中国傩戏傩文化国际研讨会论文集》，1993年。

[2] 王兆乾.《池州傩戏与宋代瓦舍伎艺》，《戏曲艺术》，1993年第4期。

[3] 王汝贵.《贵池山湖傩戏浅识》,《安徽新戏》,1994年第3期。

[4] 全草.《最早的傩戏论文——王兆乾〈谈傩戏〉》,《民族艺术》,1995年第3期。

[5] 王兆乾.《贵池傩舞〈舞回回〉考》,《池州师专学报》,1997年第2期。

[6] 王兆乾.《安徽贵池的社祭祀圈》,《池州师专学报》,1997年第4期。

[7] 姚静.《刘街傩戏与姚氏宗族入迁之关联》,《池州师专学报》,1998年第1期。

[8] 王延信.《明代的傩俗与傩戏》,《陕西师大学报》,1999年第1期。

[9] 何根海.《傩舞打赤鸟:楚人逐禳祈春的祭仪》,《北京师范大学学报》,1999年专刊。

[10] 何聪.《戏曲活化石——贵池傩戏该如何传承》,《人民日报》,2003年2月26日第9版。

[11] 周显宝.《安徽贵池傩戏中的乐器和音乐的仪式性功能探究》,《中央音乐学院学报》,2003年第3期。

[12] 王义彬.《池州傩戏艺术及其文化研究》,福建师范大学博士学位论文,2004年。

[13] 周显宝.《皖南傩戏、目连戏及其青阳腔与仪式的原生形态》,《音乐研究》,2004年第2期。

[14] 何根海.《安徽贵池:中国傩戏之乡》,《池州师专学报》,2005年第1期。

[15] 陆炎.《贵池傩与社稷》,《云南师范大学学报》,2005年第3期。

[16] 陆炎.《村落社区的傩仪与象征——以贵池傩为中心》,中央民族大学博士学位论文,2005年。

[17] 王平.《明清两代安徽贵池傩戏探微》,《戏曲研究》,2005年4月第67辑。

[18] 张邦启,何根海.《试论池州傩戏活化石性的学术价值》,《池州学院学报》,2006年第6期。

[19] 罗斌.《假面阴阳:安徽贵池傩舞的田野考察与研究》,中国艺术研究院博士学位论文,2007年。

[20] 孟凡玉.《假面真情——安徽贵池荡里姚傩仪式音乐的人类学研究》,中国艺术研究院博士学位论文,2007年。

[21] 金龙.《贵池傩面具的数字化图形设计研究》,首都师范大学硕士学位论文,2007年。

[22] 谈家胜.《近20年来安徽贵池傩戏研究综述》,《池州学院学报》,2007年第6期。

[23] 谈家胜.《明清时期宗族势力对贵池傩戏的作用考析》,《东南文化》2008年第2期。

[24] 谈家胜.《贵池傩戏对宗族社会的反哺作用探究》,《戏剧》2008年第3期。

[25] 王童.《傩舞的形成、傩文化特征与历史价值》,陕西师范大学硕士学位论文,2008年。

后　记

池州傩何时产生，已无从考稽了。从学界的研究来看，至迟在唐代它已定型且与祭祀昭明太子活动有着密切的关联，而援戏入傩形成傩仪、傩舞、傩戏（正戏）完整意义上的池州傩文化，则是在明代中叶以前。池州傩自其形成时便在九华山北麓方圆几百平方公里的贵池、石台、东至和青阳等县（区）流布，尤其集中于池州市贵池区的梅街、棠溪、墩上等乡镇，数百年来在宗族内师承，世代沿袭，直至20世纪50年代末辍演。池州傩首次进入学者的视野也是在20世纪50年代。1952年，王兆乾先生深入贵池刘街发现了这一在乡野传承不辍的奇异戏曲，并写就《谈傩戏》刊发于1953年上海出版的《文艺月刊》7月号上，这也是国内最早的有关傩戏研究的论文。然而，在当时的历史背景下，傩戏被视作封建迷信的产物被迫停演，直至1983年殷村姚姚官保老人与村人商议率先恢复傩戏演出，各姓族紧随其后恢复搬演祖传的傩戏，池州傩复又进入国内外学者的视野。随着学界研究的深入，池州傩文化的内涵与价值也被世人所认知。2006年，作为珍贵的非物质文化遗产，池州傩被列入首批国家级非物质文化遗产保护名录，定名“池州傩戏”。

池州学院坐落于历史文化名城池州市，借助地缘优势，一批学院人也参与到池州傩文化的研究队伍中去，研究的成果也较为丰硕。在此基础上，池州学院于2011年申报成立了安徽省普通高校人文社科重点研究基地“皖南民俗文化研究中心”，池州傩文化是该中心重要的研究方向和内容之一；2016年，池州学院又申报设立了“安徽省非物质文化遗产（池州傩）教育传习基地”，2019年，池州学院又创建了“池州傩文化展示馆”，重点开展池州傩戏的宣介和教传活动。在具体的教传实践过程中，我们认为有必要在学界研究成果的基础之上，编著一本图文并茂、兼容学术与通识的教传读本，以利阅者学习、了解池州傩文化。这就是我们编著此书的初衷和目的。

编著、出版此书要感谢的对象很多。首先要感谢学界同仁，正是你们辛勤耕耘的研究成果为我们编著此书奠定了坚实的学术基础，书稿借用了你们的成果，我们在文献注释和参考文献中作了反映。其次要感谢安徽省文化和旅游厅、池州市文化和旅游局，在我们开展池州傩戏教育传习的过程中，给予了非物质文化遗产保护专项资金的支持，解决了本书的出版经费问题。再次要感谢池州学院的支持，在池州傩戏的教传方面，我们顺利地申报了校级重点教学质量工程“校本优质教材”项目——池州傩文化教程（编号：2019XYZJC02），本书就是该项目的研究成果。还要感谢中国傩戏学研究会理事檀建新先生，其为本书的撰写提供了诸多建设性意见和图片资料。最后要感谢安徽师范大学出版社的领导，本书初名《池州傩文化教程》，出版社指点改为《池州傩文化》，这样学术与通识可兼容，我们采纳了这一建议；尤其要感谢本书的编辑何章艳女士、李慧芳女士，她们为本书的校订、出版付出了辛勤的劳动。

本书的适用范围较为广泛，既可以作为优秀传统文化的校本教材在高校、中学学堂里使用，也可以作为宣介池州傩文化的通识性与学术性兼容的读物刊行于社会。鉴于才疏学浅，我们在编著此书的过程中，一定还有疏漏，可能使得本书还存在着某些不足之处，恳请学界同仁给予批评指正。

编著者

2020年10月